色覚の多様性

〈選別の病理〉を問い直す

日本色覚差別撤廃の会 編著

高文研

■はじめに

皆さんの多くは自分の色覚について日ごろ意識することはマレなことでしょう。一方で、皆さんと色覚にやや違いのある少数者の存在はたいていご存じでしょうが、えてして「信号機の見分けができない」といったイメージを、いわば世の通念として抱いているのではないでしょうか。

他方、皆さんと色覚にやや違いのある当事者本人は（眼科的な検査によればですが）全国におよそ三〇〇万人、それに倍する親きょうだいが同じ列島で暮らしているのですが、世の通念を前に息を潜めているような方々も少なくないのでしょう。

そこで、「世の通念は科学的エビデンス（根拠）のない予断と偏見に他ならないのだ」と、マジョリティの皆さんには目を見開いていただけることを、一方、当事者・家族の皆さんには胸を張って日々を送っていただけることを願って、本書をとりまとめました。

実は多数派と少数派をはっきりと二分できる境界線を引けるわけではなく、多様なグラデーション・バリエーションを含んだ連続的な分布を示していることが、そのメカニズムも含め近年の研究で裏付けられてきました。つまり、私たちマイノリティのみならず大多数の皆さんも含め、厳密に調べれば一人ひとり色覚にバラツキがあるのです。いわば白か黒の二項対立的な認識は予断にすぎません。文字どおり「十人十色」ないし百人百様、千差万別と言えましょう。しかも21世紀初めに国も公式に認めたように、私たち当事者はといえば「大半は業務・学校生活に支障がない」のです。多くの当事者のライフストーリーもそれを如実に裏付けています。

しかし「色盲」との旧来の呼称も手伝い、エビデンスのない紋切り型の臆断に長年さらされてきました。その結果、進学・就職や婚姻など人生の枢要な場面で、理不尽な排除を当事者は受けてきたのです。また、自身には発現しないものの子には時に遺伝する、いわゆる保因者は女性の一割におよびますが、世間の遺伝への根深い優生意識から、婚姻・出産などで今も心ない排斥が残っています。

このような偏見や差別をとりわけ助長してきた草の根の巨大な温床が、実は学校内一斉の色覚検査制度、加えて採用選考時の色覚検査制度に他なりません。

ごく一部の世代を除き、皆さんも学校の定期健康診断で色覚の検査を受けていることでしょう。それはこの百年、基本的に変わりません。そこで使われてきた検査器具「石原表」は眼科業界のスタンダードですが、なんと科学的エビデンスすらあいまい、また現実の弊害も数多いものでした。

かつて「色盲は治る」と騙《かた》り、当事者家族のワラにもすがる思いに付けこんで、荒稼ぎをした非道な詐欺療法もありましたが、遺伝子レベルに由来するバリエーションである以上、もとより「治療」などフェイクにすぎません。同様に眼科的な色覚検査自体もまた、もとより本人の治療が想定されていない、医療の埒外の代物、言い換えれば社会防衛上の「選別・排除の利器」として生まれたのです。そのルーツは後述しますが、一五〇年ほど前の列車衝突事故に対する、とある学者の予断にみちたエビデンス不明の原因論でした。

これら人為的＝歴史的に形成されてきた「社会的な色覚バリアの諸相」と「眼科的な制度的色覚検査」、この二つの実像ないし虚像について、この後の本編で「解像」ないし「解剖」を試みていきます。

なお、ここで用語について一言。

かつて世に流布していた「色盲」はさすがに不適切として、眼科医会でもすでに使わなくなり「色覚異常」に置き換えています。しかし、この表記も私たち色覚当事者の生活実感とはずいぶんと乖離《かいり》があります。そこで本会ではさしあたり「色覚の差異」や「色覚の違い」と呼んできました。優／劣の上下序列を含意している正常／異常ではなく、先ほどもふれた連続的で水平的な分布・バリエーションの認識をふまえてのことでした。そのうえ先年、日本遺伝学会は用語の全面的な見直しをすすめたなかで、「色覚異常」も不適切で「色覚多様性」へ概念的に置き直すべきと打ち出したのです。

それは現象の全体像を指す用語としては最適で、私たちに異論のあるはずもないのですが、個別の属性を表す側面は薄いのではと感じています。例えば「私には色覚多様性があります」という語り方には違和感も残るからです。ひとつに統合できればベストですが、文脈に応じた複数の表記があってもいいのではと考えています。

そこで全体の「色覚多様性」と併せ、個別の用語としては従来の表記「色覚の差異」などと同類の「色覚の相違」や、さらには「色覚分位」も加えはじめています。なお過去の引用などの際には、「色盲」「色覚異常」などとカギ括弧付きで表記します。

ちなみに、色覚の多様性は後天性のものもありますが、本書では私たち当事者が向き合う先天性のケースを取り上げます。


本書は以下のような構成で組み立てています。

最初に本会のスタンスを端的に提示します（序章）。

続いて、先天的な色覚をめぐる予断と偏見にさらされてきた、本人・家族の思いや所見の数々を収録しました（第1〜2章）。

その後に、それら理不尽な苦しみを強いてきた社会的バリア、とくに色覚検査制度における近年の変遷を追います（第3章）。

さらに、それらに対する本会の異議申し立てや要望・提案のあゆみをたどります（第4章）。

最後にあらためて、色覚検査神話を解体し、社会的な色覚バリアを撤廃していく道を考察します（終章）。

これらを通して、長年にわたり学校や社会で刷り込まれ、日本で育った誰もがいわば常識・通念として疑うことのない、色覚の相違に対するステレオタイプについて、読者の皆さんが少しでも省みるきっかけとなれば、これに優る喜びはありません。

二〇二二年一二月

日本色覚差別撤廃の会

会長　**荒　伸直**

第2章 予断と偏見を問う当事者の所見

終章　「十人十色」――色覚の相違は「異常」ではない

資料篇　171

◉ 序章

色覚問題の所在

——検査・選別から差異の共生へ

今ではほとんど忘れ去られているかもしれませんが、色覚に一定の相違のある当事者には平成の初めまで、進学のできない高校や大学、取得のできない各種資格、就職のかなわない企業や官公庁が実は少なくなかったのです。しかし、長年にわたる関係方面のたゆまぬ取り組みがみのり、「調査書」内の色覚欄の削除、医学部入学や教員採用における色覚制限の全廃（いずれも一九九三年）、高卒就職時の「統一応募用紙」内の色覚欄などの削除（一九九六年）など著しく改善が進みました。また、日本色覚差別撤廃の会の発足後には採用時健康診断での色覚検査の廃止（二〇〇一年）、学校定期健康診断での色覚検査の廃止（二〇〇三年）など制度面の一大改革も訪れました。とはいえ、不合理な社会的障壁・バリアの残存はいまだに過去の話ではありません。

一体なぜなのでしょうか。端的に言えば、つくられた通念による予断と偏見に違いありません。「交通信号の区別ができず、運転免許など取れない」さらには「まったく色が見えない、モノクロの世界」といった、長年にわたり深く刷り込まれた臆断。これらは官民を問わず一朝一夕に霧消するものではないのでしょう。

そして何より、これらの流布・拡散をはなはだ助長・再生産してきたのが、20世紀初頭より「色覚異常」を判定する公認の方法とされ、制度的に実施されてきた（そしていったんは廃止された学校での実施が実質的に復活した）眼科的「色覚検査」に他なりません。

✺脱「制度的色覚検査」宣言

学校における色覚検査制度は法令に基づき二〇〇三年度より廃止されましたが、これに反対してきた日本眼科医会の異常ともいえる執念に文部科学省が押され、二〇一六年度には実質的に色覚検査制度が復活。その翌年に当事者団体として、その根底的な批判と代替的な提言を盛り込んだ宣言をとりまとめました。

まずはその「制度的色覚検査の撤廃を求める宣言」を一読いただければと思います。

制度的色覚検査の撤廃を求める宣言

二〇一七年一一月　日本色覚差別撤廃の会

1　脱「制度的色覚検査」はなぜ必要なのか

色覚の差異は実際には、日常生活でとくに支障のない場合が大半にもかかわらず、「色盲」という従来の呼称も相まって「色がまったく見えない」「交通信号が見分けられない」のでは、といった憶断と偏見にさらされてきました。また世間に巣くう遺伝への優生意識から、婚姻などにおいて心ない差別がいまだに根深く残っています。このような偏見や差別を長年にわたり助長してきたのが、実は全国の学校や事業所における「制度的な眼科的色覚検査」に他なりません。

児童・生徒への色覚検査については、大正期より約一五年前まで、校内で強制的に一斉検査を受けさせられてきました。簡易かつ検出力過多な「石原式検査表」により、学校生活でとくに支障のない大半の者まで「異常」の烙印《らくいん》を押され、周囲の好奇の目と軽侮の声を浴びてきたのでした。実効ある事後的なフォローなどもなく、進路指導はといえば烙印に基づいて安易な選別に加担するものでした。また、企業や官公庁の採用時でも長年にわたり、実際の職場の各業務において必要不可欠な個々の色彩識別能力なぞは元来判定しえない、画一的な眼科的色覚検査を漫然と信奉・護持し、合理的かつ客観的な根拠もなく無数の志望者に門戸を閉ざしてきました。

このような不条理な状況をうけて、二〇〇一年の労働安全衛生法の改正規則、〇三年の学校保健安全法の改正規則の施行により、眼科的色覚検査はついに雇入時健診や学校定期健診における必須項目から削除されました。長年にわたる人権軽視の心無い処遇、不合理な社会的バリアの温床が制度的に撤廃されたことは、当事者の団体として画期的な前進と受け止めたところでした。

しかし改正反対をかねて高唱していた業界団体（日本眼科医会）による執拗かつ計画的なキャンペーン・工作をうけて、文部科学省は二〇一四年に学校色覚検査の再開を促す通達を発出。全国各地の学校現場では「同意」によるとの建前の下、「積極的な周知」に向けて国の提示したヒナ型に基づく「検査案内・申込書」を全保護者へ配布したため、実質的な同意の誘導により現に実施校が急増するなど制度的な復活、「過去に目を閉ざす」逆コースが進んでいるところです。

眼科医会は検査推進の建前として「色覚検査を受けずに就職などで「被害」を受ける恐れが」などと、お為ごかしに不安を煽っていますが、調査のごく一部の事例による誇大広告のうえ、眼科的色覚検査では職業適性を元来判定できない事実には口をぬぐっています。また本人・家族は、自らの情報を「知られない権利」や「知る権利」と同時に、「知らされない権利」もまたプライバシー権として享有しているのです。まして色覚検査は機微にふれる遺伝情報が顕示されるものなのです。

実は「被害」の真因は、合理的な根拠を欠く「眼科的色覚検査による制度的な排除」に他なりません。必要なのは、こうした社会的バリアをあたかも所与の前提とした「当事者個人の適応」ではなく、関係当局・事業者が改悟して「制度的色覚検査の撤廃」をこそ進める姿勢に他なりません。

2　制度的色覚検査に代わる新たな制度的プログラムを

不合理な制度的色覚検査の撤廃とあわせて、関係当局および学校・事業所など関係者の連携協力により、次のような新たな対応の制度化が望まれます。

(1) 学　校

教職員の各層に応じた的確な啓発・研修を通して、以下のように色覚バリアの撤廃、当事者に寄りそった的確なサポートなどに取り組める体制を、校内で十分に構築することが求められます。

A　教職員一般への啓発

ア．チョークの色や各種掲示物の色使いなどで見分けにくさを感じる子どもの存在に気づき、物理面の色覚バリアへの認識を広め「合理的な配慮」を抽き出すこと。

イ．級友や担任などの好奇の目や侮蔑する言動に心を傷つけられている事実に気づき、意識面の色覚バリアへの認識を広め、共感的な応対を醸成すること。

B　養護教員への啓発

右記Aの啓発・研修に加えて、色覚とその差異、社会的な（制度面・物理面・意識面の）色覚バリアへの認識をさらに深め、色覚に差異のある子どもや保護者たちへの共感的な傾聴、適切な配慮や助言を担えるように育成すること。

C　進路指導担当への啓発

右記Aの啓発・研修に加え、特に制度面の色覚バリアの現状に対する批判的認識を深め、子どもの最善の利益の見地の下、共感的な対話や進路保障を実践できるように育成すること。

(2)　雇入事業者

当事者の職務遂行上で不合理な壁となりうる、職場の根拠を欠いた色使い等をまずゼロベースで点検し、漫然と続く無用な物理面の色覚バリアの「合理的な配慮」による撤廃（見分けやすい配色、色以外の表示など）、当事者の理不尽なハンディのミニマム化の徹底を前提条件として、以下のように採用・就業において人権を尊重した対応の図れる体制の構築が求められます。

A　人事部門職員への啓発

雇用関係法令に基づいた色覚バリアフリーへの認識を深め、眼科的色覚検査による不条理な排除・選別システムを撤廃、次のようなオルタナティブな選考システムを構築すること。

ア．色彩識別が必要不可欠な職種や職務の内容、それに照応する色彩識別力の水準、およびそれらの根拠を個別具体的に検証・明確化する。

イ．右記に基づく個別具体的な簡易判定用の画像等を作成、パンフやサイト上などで求職者へ開示し自ら簡易に判定できる手立てを提供する（ただし不公正な事前選考への転用は許されない）。

ウ．求人票・健診票等では色覚欄を撤廃するとともに、採用選考時には一律の眼科的色覚検査に替えて、各職務に必要不可欠な色彩識別力に特定した、各職域の現物による判定にとどめる。

B　職員一般への啓発

当事者への心ない偏見や差別に気づき、むしろ職場の仲間として色覚を適宜サポートできるよう、意識面の色覚バリアへの認識を広め、共感的な応対を醸成すること。

以上が制度的色覚検査をめぐる私たちのいわば「マニフェスト」です。無論その廃止の徹底とオルタナティブの提起をテーマとしつつ、教職員に向けては「色覚当事者がおそらくクラスに一人はいる」という想定で、職域の採用担当者に向けては「職場には漫然たる慣行による無意味な物理面の色覚バリアが少なくない」という想定のもとに、それぞれ所要の対応にあたることを推奨するものです。しかし、いささか簡潔な文面でもあり十分に理解しにくいところもあるのではと推察しますので、以下その主旨・内容を背景とともにご紹介していきます。

ただその前に、色覚やその多様性、色覚の検査などをめぐる最小限の基礎的な知見を初めに確認しておきましょう。

✺色覚と多様性

ヒトの目の網膜は、知覚できる可視光線の範囲で、光の三原色（赤・緑・青）の波長を主に感知するセンサー・視細胞（一般に三種の錐体視細胞。他に明暗を感知する桿体視細胞）をもっています。錐体視細胞による感知の後ヒトが色として認知するまでには、視神経から大脳視覚野にいたるプロセスを経るのですが、このセンサーが三種類のタイプか、三種類ですが働きに違いがあるために、一般多数の人々と色の見え方の一部が相対的に違うのが色覚当事者です。眼科的色覚検査によれば日本では男性の約五％、約二〇人に一人、女性では〇・〇二％、あわせて約三〇〇万人。

三種の錐体視細胞はそれぞれL（長）、M（中）、S（短）の各波長の光を特に感知し、三つの波長光の強弱の組み合わせで可視光を無数に分別しています。このうちL（長）とM（中）対応の錐体視細胞の遺伝子は、二三対四六本あるヒトの染色体のうち性染色体のX染色体に乗っています。その遺伝形式は潜性遺伝（かつての劣性遺伝）と呼ばれ、女性では二本のX染色体の両方に相違のある遺伝子が揃ってはじめて、色覚の相違が表現型として現れるので、ごく少数の例となります。男性は一方にY染色体がありX染色体は一つ単独なので、潜性遺伝でも発現しやすいのです。

専門的にはそれらの型や程度の詳しい議論はありますが、生活者ないし当事者にとっては不可欠な情報知識とはいえませんので、ここではあえて省きますが、相違のありようは多様で、程度もいわば連続的な分布をなしています。またそれは多数者も含めたバリエーションとされています。文字どおり「十人十色」ないし百人百様、千差万別です。これらの色覚の多様性はけっして無用のものではなく、人類の生物としての進化における足どり、生存戦略のなかで遺伝子の変異の積み重ねから生まれてきたもの、との知見も近年示されています。長大な進化の段階的プロセスから生じた多数者の色覚と少数者の色覚とは、転変してきた生存環境のなかで一長一短があり、相互に補完しあう連続的な多様性なのだといえます。

「他人の色覚はわからない」――二〇〇一年の労働安全衛生規則の改正時に厚労省が作製したリーフレットのなかに、こう小見出しで明記されています。「あれは赤」「これは黄色」とお互い色名を話していても、それぞれ本当に同じ色味として見えているのかは、どうにも確認しようがないわけです。ヒトの色の見え方は原理的に比較できない所以です。色覚を含めヒトの感覚全般に通じることで、あらためて考えてみれば納得できるのではないでしょうか。

せいぜい比較ができるとすれば、経験的にも色の「見分け方」の相違で、これを人為的に判別する一つの道具として考案されたのが眼科的色覚検査でした。しかし、およそ実験や検査なるもの、厳密には実物の現実世界そのものとは多少なりとも違いを伴う結果を示します。同じ人間が種類の違う色覚検査を受けて、違った判定結果を示される所以でもあります。現実世界との違いが少々大きければ、科学的な手法とは呼ばれないわけです。

✺ほとんどは支障なし

色覚に一定の相違がある当事者はほとんどが男性ですが、その多くは赤系統と緑系統の間（いわゆる「混同色線」上）では見分けにくい色合いが一部あるものの、つとに国も認めているように「社会生活上とくに支障のない」ケースが大半です。実際、本会の金子隆芳元会長（故人）は色覚当事者ながら視覚生理学の大学教授となり、ついには日本色彩学会の会長にも就かれました。同じく当事者で視覚生理学の医学部教授として、網膜視細胞の研究で優れた業績をあげられた村上元彦元役員（故人）は、「入学試験のときに暗記して通り抜けたあの石原表は一体なんだったのだ！」と糾弾しています（高柳泰世『つくられた障害「色盲」』）。

「石原表」は眼科的な色覚検査の代名詞なのですが、職業上の実際の色彩識別度とのカイリを如実に物語っています。ちなみに医師の免許では法令上（医師法）色覚要件はないのです。にもかかわらず医学部・医大の受験で長年、色覚要件を設けていたのでした。若き有為の人材を排斥してきた粗忽《そこつ》な愚行でした。ともあれ先のおふたりの経歴は換言すれば、色覚に相違があっても大半は事故もなく業務上の支障がなかった生きた実例、論より証拠と言えましょう。ほぼ同様の経歴をもつ会員は実は他にも少なくありません。

また、色覚検査を受ける以前に、色覚の違いを何らか自覚している本人も実は多く、およそ二人に一人とされています。ましてふだん自覚さえされない程度であれば、おそらく業務上ほとんど支障がないことでしょう。角度を変えれば、連続的な分布のなかで自覚の有無にも見られるように、当事者どうしでも違いの大小の相対的なバリエーションは当然あって、違いが小さい場合はなんらサポートを必要としない一方で、かなり違いが大きい場合は社会生活で色を見分けにくいことが相対的に多いわけで、周辺環境の色使い等の改善や周囲の人々の適切なサポートが、いわゆる「合理的配慮」としてより多く期待されるわけです。これらの「分別」をせず一様にとらえる無分別が、実は無用の偏見を拡大してもいるのです。

なお、先にふれたとおり女性における出現率はきわめて低いのですが、子どもが相違をもって生まれるケースは少なくありません。このような女性は遺伝上の保因者（キャリア）とよばれ約一〇％（六〇〇万人余）を占めています。ある日わが子の違いの存在を知らされて、衝撃と苦しみにさいなまれる母親。ほとんど暮らしのうえで支障のない場合が大半にもかかわらず、かたく周囲には口を閉ざしつつ、かなわぬ治療をむなしく追い求めてやまない日々……。何より色覚の多様性は遺伝のメカニズムで現れるために、「家系」や「血筋」といった特有の偏見や差別意識がつきまとい、とりわけ結婚や離婚などの場面で当事者・家族を苦しめてきたのです。

✺三位一体の社会的バリア

色覚の差異に対する社会生活上の障壁・バリアは数多く、不当かつ不断に当事者を苦しめていますが、これらは一体不可分の三つの側面から構造的にとらえることができます。

1　制度面の社会的バリア

まず前述の入学・就職時の障壁に代表される制度上の差別的取扱い。

大学進学では現在、わずかに海運系の三校（国立二、私立一）、大学校の二校で今も受験制限が残っているといわれていますが、眼科的な色覚検査での「異常」との判定をいまだ一律・画一的に根拠とする対応には、やはり疑問が消えません。実際の学業上や就業上の色彩識別能力の有無・程度・（本来の適性）は不問とする、これら倒立した構えは、ごく一部とはいえ牢固として堅持されており、これらがまた眼科的な色覚検査制度の復権をエンパワーさえしているのです。

採用選考では、陸・海・空の交通・運輸業界などにおいて、エビデンスの不十分な各種の欠格条項による排除、また一部の企業や防衛・治安の官公庁などでは通念に支えられた慣行・惰性による排除が、遺憾ながら一部にいまだ残存しています。しかも、学校色覚検査の制度的復活の影響からか、すでに二〇一五年度の就職時に色覚検査が一部で復活しているとも伝え聞きます（東京都教委の調査結果）。

これらの旧態依然の制度上の差別的取扱いはそれ自体、この国特有な長年にわたる学校・職域での制度的色覚検査こそが何よりも強力に助長・再生産してきたところです。

2 物理面の社会的バリア

社会生活をとりまく物的環境においては、多数者には気づきにくい色覚バリアが少なくありません。

たとえば地下鉄・バス路線図や電光掲示板、チョークや地図・グラフ、職場の帳票類や計器ランプなどで、見分けにくい配色も少なくないのです。厚生労働省が二〇〇一年の規則改正にあわせて作成、広く配布したリーフレットには、見分けやすい配色や色以外の処置など、表示・標識方法の工夫配慮の実例が明快に図示されていましたが、これらこそ引き続き周知されて、現場の改善への取り組みが求められるものでしょう。

なお、職場におけるカラーバリアフリーへの気づきや、ささやかな合理的配慮さえあれば、雇用上のバリアの大半はおそらく霧消するに違いありません。「危険なのは、その色覚特性ではなく、むろんその人でもなく、無自覚な色分けに頼っているサイン体系であり、それを自明視している社会的習慣のほう」（徳川直人『色覚差別と語りづらさの社会学』）なのです。

3　意識面の社会的バリア

以上二つの社会的バリア・障壁の原因であり結果でもあるのが、市井に根を張る内なる偏見・差別意識ではないでしょうか。「色盲」「色覚異常」とむやみにレッテルを貼っては、学校や職場で心ない排斥・疎外する精神風土。その根底に横たわる優生意識は、とりわけ婚姻をめぐって酷薄・醜悪な様相で露出します。「医家に嫁いだが、息子が学校健診で色覚異常とわかり、ほどなく離婚された」（会員）などの不条理は、残念ながらけっして過去の話ではありません。

なお繰り返しますが、この国の学校・職域で百年近く制度的に実施されてきた「眼科的色覚検査」こそは、学校・職域をはじめとする色覚の相違に対する制度的差別はもとより、世の偏見をも助長、再生産してやまなかった最大の元凶に他なりません。

✺眼科的検査のルーツ

色覚の違いに対する注目ないし白眼視のはじまりは、実はさほど遠い昔の話ではありません。明治の初めにあたる一八七五年、スウェーデンで雪の深更に列車衝突事故が発生、「その原因は運転士の色覚によって信号を見誤ったせいでは」と、当地の学者・ホルムグレンによって喧伝されたことがルーツとなっています。折しも欧州海域で相次いだ船舶事故でも、色覚の相違によるとの推測の流布が相まって、十分に科学的なエビデンス（根拠・証拠）もなく、予断と偏見の入り込んだ憶測・推定がひろく流布するに至りました。

こうした顚末《てんまつ》から、色覚に違いの見られる者への選別、排除を図るニーズが生まれ、色覚の判定をうたう眼科的検査法が次々と誕生することとなりました。ホルムグレン自身の羊毛法に続いて、より簡便に検査できる「仮性同色表」（疑似同色表）のひとつ、「スティリング表」がほどなく登場、また現在でも眼科的にはもっとも精巧とされる「アノマロスコープ」すら、すでに20世紀初頭に考案されていました。そして何よりも、これらの眼科的な検査で「異常」と宣告されれば、実際に運転士や航海士に就くことはできなくなったのでした。

この国でも20世紀の初めより各種の検査法が考案されましたが、なかでも一九一六（大正五）年、石原忍・陸軍軍医が陸軍の徴兵検査用に考案した仮性検査表「色神検査表」が制度的な利用のルーツとなりました。続いて一九二一年からは学校用の検査表が身体検査の中に組み込まれ、戦中戦後の混乱期を除き21世紀初頭までの八〇年近く、全国の学校で制度として色覚の一斉検査が行われてきたのです（以下、総称として「石原表」）。ちなみに一九五八（昭和三三）年には法的にも色覚検査が位置づけられるに至っています（学校保健法施行令）。同じく戦後の一九五三（昭和二八）年になっても、患者の強制隔離が護持された改正「らい予防法」の軌跡とも相似したところがあります。

✺色覚検査制度の転変

児童・生徒への色覚検査は前世紀初めの大正期より九〇年あまり、今世紀初めの一〇年あまりを例外として、現在まで全国の学校で実施されてきました。多彩な水玉模様から所定の文字を読み取らせるお馴染みの冊子（石原表）が使われますが、過度に検出するマス・スクリーニング（ふるい分け検査）にもかかわらず、ゆがんだ権威から確定診断として扱われたことも相まって、特に支障などない大半の者にまで「異常」の烙印を押し続けてきたのです。かつてはむろん「事前の同意」などなく、プライバシー不在の行列、事後のフォローも不明、級友の好奇のまなざしと嘲笑のささやき。本人に残るのは無用のトラウマと葛藤のみでした。

これら深刻な弊害に対する批判を背景に、まず厚生労働省が二〇〇一年度に就職採用時の健康診断における色覚検査を廃止し、これに追随して文部科学省は二〇〇三年度に定期健康診断での色覚検査を廃止。児童・生徒全員が校内で集団的に検査を強制されてきた歴史は、制度上ついに幕を閉じました。当事者の有無に拘らぬ、誰もが見分けやすいユニバーサルな色使いの実践こそが第一となったはずでした。

しかし、新たな逆コースがその後はじまったのです。制度改正後も一貫して復古を高唱・奨励してきた眼科医会が全面復活の照準としたのは、一斉検査廃止時の小学四年生が高校卒業を迎える概ね一〇年後。「実態調査」を実施して、「色覚に係わるトラブルの増加」など事前のシナリオどおりの結果に仕立て、当局やマスコミなどを扇動、制度の復古を図る計略でした。実際それらの「働きかけ……の結果」(会長メッセージ、二〇一五年七月一五日)、文部科学省は二〇一四年四月の局長通知(「その他」欄)で、「積極的に周知を図る必要がある」など色覚検査の奨励・促進を鮮明に打ち出したのです。続く所管課からの「事務連絡」では、校長名で全保護者へ配布し回収する「検査申込書」のヒナ型までも提示、異例な「同意」の誘導を図っています。無形の同調圧力もはたらく中で、断る保護者など一体どれほどいることでしょうか。これらの顛末は第3章で詳述しますが、一斉検査が廃止されるに至った「過去に目を閉ざす者」に他ならないでしょう。

✺選別・排除をうむ予断と偏見

既にふれたとおり、ごく軽微な違いも含めれば各人の色覚は皆それぞれ違いがあり、眼科的に「正常」とされる多数者もその例にもれないのです。該当遺伝子に起因するアミノ酸配列の微小なバラツキにより生じるのですが、色覚の多様性は元来、長い生物進化の過程のなかでヒトという生物種内に生まれた個体差・バリエーションのひとつであり、連続的な分布を示す統計的に自然な現象にすぎません。ところが、人為的＝歴史的に正常／異常、優／劣の二分法・線引きが導入され、選別・排除すべき「異常」な属性として社会的に産み出されたのでした。

そのルーツとなったのは先のスウェーデン列車衝突事故でしたが、かねて色覚検査法を考案していたホルムグレンがトリックを使ってまで色覚原因説を押し通した裏面があったのです。そして、いわば社会的な「冤罪《えんざい》」たる色覚の差異への予断と偏見、誇張されたステレオタイプは、石原忍に継承・媒介されて医学的なマインドコントロールないし社会的な神話と化して、いまだにこの国では差別を制度的に再生産しつづけているのです。

諸外国ではまれな、それらの巨大な温床ないしエンジンとなってきたのが、まさに眼科医会が唱道してきた学校における色覚検査制度です。本来は弊害の多すぎる眼科的な一律の色覚検査などではなく、実生活の上で色を見分ける力がどうなのか、この個別具体的・リアルな評価が基準となるべきなのです。ここには評価する側の利益か、評価される側のそれなのかの、いわば立脚点の根底的な相違があると言わざるをえません。こと色覚に関しては「検査はおしなべて善なるもの」との予断は断ち切るべきです。

✺私たちの願い

障害者差別解消法とワンセットで、二〇一六年四月より改正障害者雇用促進法が施行されました。障害を理由とする雇用上の差別的取扱いの禁止、またいわゆる合理的配慮の提供義務が法的に課されたものです。二〇〇一年の厚生労働省通知では「職場で用いられる色の判別の可否によって、職場に必要な色の識別能力を判断する」とし(傍点は引用者、以下同じ)、採用上で本質的に不適な眼科的色覚検査の廃止や色覚による差別的取扱いの撤廃とともに、見分けやすい色使いや色以外の表示などの「合理的配慮」をつとに明示していました。今あらためてこの先駆的な公準へ粛然と立ち返り、背馳する企業・官公庁は自己の社会的責任を自覚して、自らエリをただすべきでしょう。また何より、眼科医の一部も長年継承してきた予断と偏見を自覚し、一日も早く「目のウロコ」ないし「色メガネ」を自らのマナコからはずすべきでしょう。

私たちの願いはシンプルです。予断と偏見により人為的・社会的につくられた色覚バリア・差別を撤廃すること、そのためにもまず第一に、長年それらを助長してきた職域における前科学的な「制度的」色覚検査を法令の改正規定に沿って速やかに廃止し、職域の現場で必要不可欠な色彩識別度にしぼって実物によりそれを判定するシステムに変えることです。エビデンス不明の制度的色覚検査による世界でもマレな選別・排除の下に、一体どれほどの有為の人材が無為をかこつ一方で、社会経済的にもどれほどの有為の人材の逸失・損失を生んできたことでしょうか。また第二に、それらと対をなして法令の規定・根拠が撤廃されてなお広範に生き残っている、学校現場の制度的色覚検査はただちに廃止されるべきです。

色覚バリアフリーな「天神チョーク」で知られる日本理化学工業社は従業員の七割が知的障害者で、障害者雇用の草分けとしてつとに有名な会社です。六〇年あまり前、就職先の見つからない養護学校（当時）の女子生徒が幸い同社で「就業体験」の機会に恵まれ、働く喜びを初めて知って一心不乱に働き、二週間が終わる前日に、一五人ほどの全社員が「どうか彼女を正社員として雇ってあげてください。できないことがあれば私たちが助けます」と役員に訴え採用されたとのこと（坂本光司「この道」）。心ふるえるエピソードですが、ましてや業務上必須な色の見分けに同僚が少し困っているとき、ささやかなサポートの手をさしのべる配慮ぐらいできない道理はないでしょう。

若き日の色覚検査で無神経な烙印を押され、生涯にわたり無用な心の傷や不当な差別を受け続ける不条理を、私たち色覚当事者はあらためて世に問いかけつつ、「みんな違って、みんな同じ人間」、一人ひとりのさまざまな違い・多様性と人間としての基本的な権利・尊厳の均等性とを共に認め合える、人間の顔をした人の世をねばり強く求めていきたいと念じています。

第1章

色覚検査に苦しめられた当事者の思い

私にとっての色覚検査

私の小学校入学は一九五五年であるが、当時は年度初めに毎年実施される健康診断において色覚検査があった。子どもたちは一列に並び、担当の先生が検査表のページをめくり子どもたちは指示されると即座に答え、先生の「つぎの人」の声で終了していく。子どもたちの流れは滞ることなく進んでいく。ところが私の順番となり席に着くと状況は一変する。先生が指示されたページを見ても、私には一向に数字が見えてこない。ページをめくられるごとにいくら一生懸命読もうとしても読めないのである。先生に「これがわからんのか?」と言われても読めない。何とか答えようとそれらしい数字と思って「6」と答えると「6か?」と間違いを指摘されたような声が返ってくる。私の後ろの子どもたちの「小田はあれがわからんのか」という声が聞こえて来るように感じる長い時間が流れていく。先生は「赤緑色盲じゃな」と記録係に言われてやっと終了する。「今年もダメじゃった」と試験に合格できなかった敗北感のような気持ちになって、下を向いて他の子どもたちと目を合わせないように教室から出ていった時の気持ちは今でもはっきり残っている。これが毎年繰り返されるのである。年齢を重ねるごとに検査のある教室に入ることから逃げ出したいような気持は増していった。

色覚は、多くの場合は母親からの遺伝による特性として、男の子に引き継がれるものである。当然、成長とともに変化する性質のものではなく、治療ができるものでもない。そのことがわかっていながら、学校は何の疑問を持たず子どもがそんな気持ちになることを毎年強いてきた歴史があることを知ってほしい。

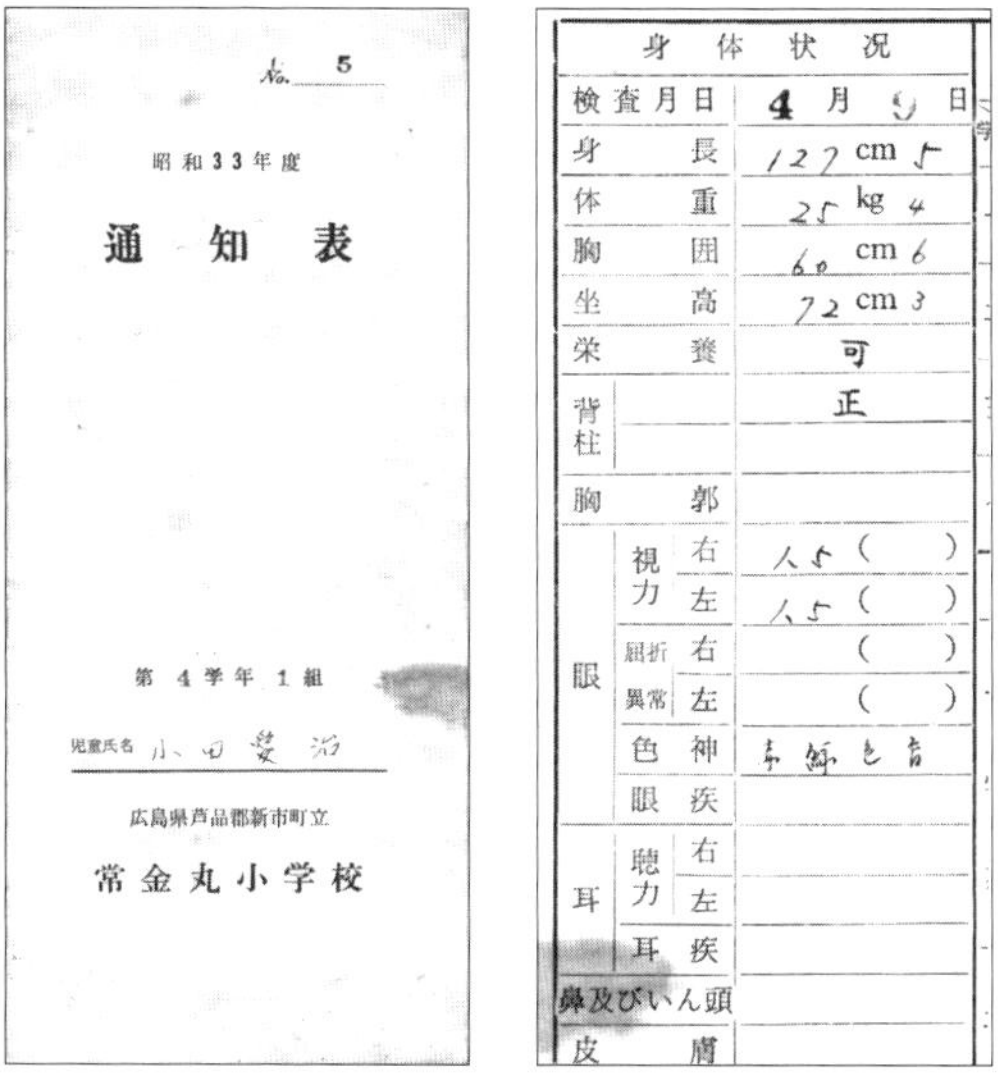
No. 5
昭和33年度
通知表
第4学年1組
児童氏名 小田要治
広島県芦品郡新市町立
常金丸小学校

身体状況

検査月日		4月9日
身長		127cm 5
体重		25kg 4
胸囲		60cm 6
坐高		72cm 3
栄養		可
背柱		正
胸郭		
眼 視力	右	1.5（　）
眼 視力	左	1.5（　）
眼 屈折異常	右	（　）
眼 屈折異常	左	（　）
眼 色神		赤緑色盲
眼 眼疾		
耳 聴力	右	
耳 聴力	左	
耳 耳疾		
鼻及びいん頭		
皮膚		

通知表には「赤緑色盲」の文字

当時の成績通知表には健康診断の結果も書かれていた。私の通知表には色神の欄に「赤緑色盲」と書かれている。それを両親がどんな気持ちで目にしていたのか。息子の将来をどう思っていたのか。そんなことについて両親とは話すことなく来てしまったので今では知りようがないが、一度は話してみたかったという思いがある。

学校の色覚検査結果は、私の人生の節々で顔を出してきた。大学進学では色覚が問われない進路へ希望の変更を強いられた。連れ合いとの結婚を前にして自分を打ち明けることに葛藤した。教員をしながら差別問題を生徒と話し合うことはあったが、自分の色覚について語ることはなかった。

一九八五年そんな私に転機が訪れる。教職員組合の研修会で高柳泰世医師と出会い、その話を聞きながら、無知ゆえに騙され、騙されていること自体にも気づいてない自分を恥ずかしく思った。それまで「お前の目は異常なんだ。そんな目の持ち主がつけない職業があるのは当然だ」と扱われてきたが、「自分が見えてる目の前の景色をそのまま受け入れればいい。自分の目を信じていいんだ」と言われたように思えた。

色覚問題は偏見に捕らわれた日本社会の問題との視点に目を開かされ、自分の持つ色覚の特性を前向きにとらえることが出来るようになった。撤廃の会では多くの人たちと出会い、当事者としての自分の立つ位置を考えるようになった。

二〇二二年、名古屋の本郷眼科に出向き高柳医師に色覚検査をやってもらうことにした。五十数年振りの検査である。そんな気持ちにさせてくれたのは撤廃の会を中心とする色覚問題に関わる様々な経験である。とりわけ遺伝子科学や進化生物学に裏打ちされたヒト色覚の多様性への確信とそのことに立脚した実社会への実践的取り組み、そして最新の科学成果に誠実であろうとする人たちの姿が私の背中を押してくれた。また、これらがあぶり出す石原表にこだわる前時代性とその結果がもたらす罪深さへの再認識、そして前世紀の非科学的悪弊に固執する日本社会の閉鎖性への憤りもあった。自分の持つ色覚が何たるかの回答を学校に委ねその結果に振り回されてきたのが学校での色覚検査であった。自分の主体できちんと自分の色覚に向き合ってみようと検査をお願いした。

本郷眼科では色覚検査用の一室が設けられていた。まず石原表、大熊表、ＳＳＰ、パネルＤ－15、アロマロスコープと一連の眼科的色覚検査があった。そして高柳医師考案の実社会における色識別能につながるＣＭＴ、三色識別、クーピー識別、地図識別、地下鉄路線図識別、舷灯識別、カラーコードマッチングテスト、抵抗素子識別と検査が続いた。色覚検査表の数ページの応答で結果が言われた学齢期の経験との違いに圧倒された。

検査が終わり私の色覚タイプが告げられた後、丁寧な説明がなされた。検査の意味とその結果、そのことをどうとらえるかを社会の現状との関りを交えた眼科医としての見解として話され励まされた。医者の良心に触れたように思う。

私は初めて自から納得して検査を受け、医療によって自分の色覚のタイプを知り、その結果を反芻しながら「Ｓｏ ｗｈａｔ？」と返す自分がいる。駅に向かう空を見上げ、七〇数年、自分と共に歩んできてくれたわが色覚を愛おしく思いながら病院を後にした。

（二〇二一年八月　小田　愛治）

当事者として、親として

私自身が当事者で学生時代に高柳先生と出会い、「撤廃の会」にも加わってきました。

今は子どもの遊び道具にも色が多用されています。息子が幼稚園の頃、姉と色をめぐってトラブルとなることがたびたびあり、娘に弟の色の見え方は少し違うことを、息子には色の判別に苦手なところがあるので注意してよく見るように話をしました。わかっていたこととはいえ、当時、予想以上の息子の状況に私も内心、動揺しました。娘も、自分の子どもへの遺伝を少し気にしていましたが、今は普段は忘れているのか弟のことも遺伝のことも気にする様子はありません。息子がそのことを覚えているかどうかわかりません。

識別力があがったのか、経験（学習）によるものか、幼児期より識別できるようになってきたようですが、小学生になった今は、息子の色覚のことを担任の先生に話しておくべきかどうかを親として迷っています。今のところ、特にトラブルや不便はないようですが、最近の教科書は絵が多く、学年があがるにつれ学習の内容も方法も色を判別する必要が増えてくるようで親として不安はあります。でも、遺伝情報でもあるので、トラブルのない今のところ話す決心もつきません。

見え方に違いはあるとしても、彼は彼なりの豊かな色彩環境にあるはずで、色のことなど気にせずに、毎日元気に生活しています。問題なのは、見え方が違うということより、見え方が違うことにより受ける、制限や差別や不便であると思います。息子のありのままを受けとめ、必要な時に手助けをしてあげたいと思っています。

色が氾濫し、雇用は不安定で格差社会といわれるなか、将来のことも含めて心配はありますが、一方で時代はバリアフリーの方向に向かっているとも感じます。息子の学校には義足の先生や重い心臓病の子がいますし、県内には車椅子で採用された先生もいらっしゃるそうです。「カラーユニバーサルデザイン（色覚バリアフリー）」を目指す動きがあり、ＮＨＫ「高校生物」では色覚の遺伝の取り上げ方も変わってきました。保因者は意外と多く、誰もが関わる可能性のあることをもっと広めるべきでしょう。

撤廃の会には、様々な職業で活躍されてきた方がたくさんいらっしゃいます。会員の方々が、それぞれどのような経験や工夫をしてきたか、体験談や時には助言もいただければ、未来ある青年たちやその親たちにとって心強く感じます。

（二〇〇七年一二月　Ｓ・Ｅ）

今になって思うこと……理不尽な「石原式」

私は一九五二年生まれの六一歳です。「色覚異常」とされたのは一九五八年春、小学校入学時に受けた「石原式」の色覚検査でした。以来、高校卒業までの一二年間にわたり通信簿の片隅に「色覚異常」の四文字が示され続けました。

小学生時代はこのことをあまり意識することは有りませんでしたが、中学生になり身体検査で「石原式」の色覚検査を受けた際、一部解読できないことで心ない同級生から嘲笑を受けたことを今でも鮮明に覚えています。その後、高校の授業で色覚異常が「伴性遺伝」が原因であることを初めて知り、これは「他人にない個性だ」と自分に言い聞かせました。

しかし、その後は厳しい現実が待ち受けていました。それは進学差別と就職差別の問題でした。私は元来、理科に興味があり数学も比較的得意でしたが、大学入試に際しては理科系、教育系等の学部は殆ど門戸が閉ざされており、結果として地方大学の経済学部に籍を置くことになりました。四年間一応真面目に勉学に取組みましたが、今度は就職に際し大きな壁が待ち受けていました。大半の企業が「色覚異常者」に対し拒否反応を示したからです。当時、相談相手も無く本当に悩みましたが、自動車運転免許を取得することで日常生活には全く問題がないことが証明できるのではないかと考えて、雪が降り積もる金沢で悪戦苦闘しながら急いで「免許証」を取得しました。

これを契機に自信も得たことで開き直り、積極的に企業訪問しては事実をはっきり説明するものの、なかなか理解が得られませんでした。ある時、某企業の人事部担当者と面談することができ、今までの状況や日常生活には全く影響がないこと等を詳しく説明したところ理解を示してくれました。やはり「石原式」の色覚検査はありましたが、伝票の色の識別は全く問題がないことや自動車運転免許証取得済みであることが最終判定材料となり、一九七五年に志望する企業に就職しました。以来三七年の間「色覚異常」に係わるミスなどは全くなく、昨年無事退職いたしました。

今思うと「石原式」での「色覚異常」判定とは一体何だったのかと考えさせられます。なぜ、こんなに苦しまなくてはならなかったのか……なぜ、こんな理不尽なことで同じような境遇の人たちが今後も悩み続けるのか云々……。

最近は親しい人には「自分は赤緑色弱」であることを前向きにカミングアウトしています。すると、みなさん驚かれますし身近に同じ境遇の方がいることも分かりました。これから自分自身の経験を通じ、微力ですが少しでも同じ境遇で悩んでいる方々のお役に立てればと考えています。

今後ともよろしくお願い申し上げます。


（二〇一三年七月　山本　敏晴）

団塊の世代の私の思い

私は一九四八年生まれ、団塊の世代です。私が育ってきた時代は、色覚に異常のある私たちにとっては、特に風当たりの強い時代だったと思います。小学校・中学校と毎年行われる健康診断には必ず色覚検査があり、そのたびにいやな思いをし、どうして「色覚異常」にはケアの方法がないのに検査を毎年受けなければならないのかと疑問に思っていました。高校受験の時に工業高校を志望していましたが、担任の先生より、色覚の問題で工業高校は受験できない、理系の学校はほとんどが受験の対象から外さなくてはならないと聞かされ、ショックを受け深く悩みました（今は、本会や関係する皆様の努力により、高校・大学入試、及び就職の際の色覚制限はほとんどなくなっていることと知りました）。

また、当時（一九六二年頃）は、自動車はまだ家庭には普及していませんでしたが、これからマイカーの時代が来ることはなんとなく感じ取れました。そんな中でも、色覚に異常がある人は運転免許証を取ることができないと言われたり（現在は、約四〇年間なんの問題もなく運転をしています）、就職する際も制限をする職場も多くあったりし、色覚の問題について調べれば調べるほど、差別や偏見に絶望させられることばかりでした。

一九七二年に、地元の市役所に就職することになりました。職場での色覚検査は、入所時の健康診断を含め定年退職をするまで一切ありませんでした。この頃から、少しずつ人権に配慮する姿勢が出てきているようで、色覚検査がトラウマになっている私には、喜ばしいことでした。

欧米諸国では色覚異常者（異常ではなく個性と捉えているのではないかと思います）の割合は日本より多く、男性七〜八％（日本は四・五％）いると言われておりますが、かつての日本のように、学校などで全員を対象とする検査や、進学や就職の制限をするような差別はないと聞いております。近年の日本は、欧米先進国を手本とし、優れた文化や技術を学びながら発展を続けてきました。しかし、色覚特性の問題については、まだまだ欧米諸国の足元にも及ばない状況ではないでしょうか。はやく欧米諸国に近づき、また、欧米諸国と同じような状態になってほしいものです。

これからも、私たちの子や孫のため、また同じ境遇にある方たちのためにも、色覚の問題について後戻りをすることのないよう、前進して行くことを願って止みません。

（二〇一四年一二月　五十嵐　仁）

保因者として思うこと

一四年前中学に入学したばかりの二男が、学校から「色覚精密検査のおすすめ」の封書を持ち帰ったことが、ついこの前の出来事のように思います。その日、近くの眼科でパネルD－15検査を受け、翌日私が「結果票」を養護の先生に届けました。「昔と違いデザインで色並べもあり、一番困るのは美術の授業と思う」と言われ、美術の先生にも会わせていただきました。その先生は経験から「困った時、まわりの級友に『見分けにくいので教えて』と言える子どもであってほしい」と言われ、息子にもその旨を伝え、なぜか動揺することもなく妙に冷静な私でした。眼科医（三〇代後半）の「今は理系にも進学できるし、私の医学部同級生にもいましたよ」の言葉と、小学生の時には絵で何度も賞をもらっていた二男でしたから、私もあまり深刻に悩むことはなく、この時を機に色覚に関する新聞記事をスクラップし始めました。

ところが、二男が高校二年の時、私は奈落の底へ突き落とされてしまうことになりました。地域では名医と評判の高い熟年の眼科医師が、私に「息子さんは、理系の大学へは行けません」と断言したのです。しかも石原表だけで。若い眼科医に聞いていたのとはまるで違う話に、大学入試の色覚排除について確かめたいと考え、スクラップ記事と著書で存じていた高柳先生（名古屋市在住、並々ならぬご尽力で、理系の道を拓いてくださった眼科医）にお電話したのでした。

このように古い知識のままで保因者の母親を苦しめる眼科医のいることに怒りすら覚えました。しかし、この差別撤廃の会を知る機会にもなり、今に至っています。そして、現在二男は希望通り医学の道に進んでいます。

今なお色覚差別を続けている人たち・団体・組織に対して次のように問いたいです。

あなたが当事者だったらどう感じ、どう思いますか？

あなたや子が当事者でなくても、その連れ合いが当事者だったり、私のような保因者であったりする時、あなたは一体どうしますか？　他人事とせずしっかり考えて欲しい。

この色覚の問題は、私が生きているうちにはとても解決しそうにもありません。せめて孫の時代には、すべての子どもたちが、夢や希望を大きくふくらませ、実現できる社会となっていることを願っています。


（二〇〇七年一二月　H・M）

石原式「色覚異常検査表」が「色覚・異常な検査表」にならないために

私が「色覚異常」であることを知ったのは一二歳の時でした。旧制中学校を卒業した長兄が「国鉄」に勤めていたのですが、一九五〇年再就職として公務員を受験しました。相当の秀才でありましたから、どんな学科試験でも余裕を持って合格する能力のある長兄ですが、「石原式色神検査表」の一部が読めなかったのです。そこで長兄は、中学当時、柔道部の先輩が自宅近くで「開業医」をしていましたから「石原式色神検査表」を借りてきたのです。その時、長兄から検査表を提示された私は「数字の一部」が読めなかったものですから、「お前も赤緑色弱や」と教えられました。子どもの時ですから世の中の景色は綺麗に見えるし絵を描いてもありのままの色彩が使えることから自分でも「色覚異常」という意識は全く持っておりませんでした。

中学校に進学してから身体検査があり、四二人のクラスの中で三人が色弱と判明し、通信簿に「赤緑色弱」と記載されました。その時は、色弱と言われても何の劣等感も持っておらず、学力は常に「上位クラス」で野球、相撲、柔道とスポーツ万能でした。

兄弟の多い私は、中学校卒業前に進路として、兄が高校在学中、弟が三人いるという事情から両親に経済的負担をかけては悪いと思い、「三菱重工業ＫＫ」の養成工を志願したのです。そこで進路指導の先生に、「三菱重工の養成工を受験し、夜は定時制高校で学びたい」と希望を述べたところ、先生からは「お前は色盲やから、願書を出しても書類審査ではねられるわ」という返事でした。私は「先生、僕は色はありのまま見えるし、色の判断で間違ったことはありませんので願書を出してください」とお願いしたところ、先生からは「おそらく一〇〇％はねられるに決まっとるわ」という返事でした。その後一〇日ほどして廊下でパッタリ会った先生から「佐藤、三菱重工に願書出したけど、お前、書類審査ではねられたぞ」というアッサリした返事でした。純真に勉強し、学力も体力も優っていた自分ですが、「石原式検査表」の数字の一部が読めなかったため、社会から無視された出来事は大きなショックであり辛い体験でした。また、この事を両親に話をすると母親が辛い思いをすると思い自分の胸に納めていました。純真な少年時代に体験した心の淋しさは今でも胸に焼き付いています。

高校生になった私は、正義感が強く、比較的思いやりのある性格でしたから、将来「刑事」になり世の役に立つ仕事がしたいという強い希望を持っていました。警察官の受験資格は「弁色力が完全であること」が条件となっております。競争倍率の高い採用試験でしたが「視力」は大丈夫でした。「色覚検査」は石原式の数字を読む検査でしたが、前列の数人が答えているのを暗記し検査をクリアしました。

その後、警察学校に入校した時にまた検査。巡査部長、警部補昇任試験に合格するたびに「管区警察学校」へ入校する必要上、勤務地の保健所で健康診断を受け「色覚検査」を受けました。そのたびに神経を集中して検査をクリアし、健康診断書の発行を受けて「管区警察学校」に入校しました。健康診断を受けるたびに嫌な思いをしますので、「中級幹部になれば人並みだ」「人並みの生活が出来れば幸せだ」と思い、警部昇任試験を受ける意欲がだんだんと無くなりました。

警察官として第一線で仕事をする面では、

○酒酔い運転のアルコール検知

○覚せい剤の簡易試薬検査

○変死体の見分時の眼瞼結膜の溢血や皮下出血の状況、死斑やチアノーゼの状態

○労災事故では化学工場や製鉄工場での実況見分

などとあらゆる状況の中で、いろいろな色を見て実況見分調書を作成しました。何一つとして色を見誤ったことはありません。

○アルコール検知は、ガラス管の中の呼気が薄い赤色に変色

○覚せい剤の簡易試薬検査（シアン検査）は、微量の覚せい剤粉末に試薬を点滴すると綺麗な青藍色に変色

○変死体の見分では皮膚面が赤、青、紫の単色や赤紫、赤青の交わった色等、正しく識別でき、上司、同僚、部下と意見が食い違った事はありません。

また日常生活では
○ゴルフをしても遠くに立つ赤旗のピンが鮮明に確認できる
○地下鉄に乗れば一両目の運転席の後方で信号を見ると遠くから赤、青の信号が確認できる
○草むらの中にいるキリギリスがよく分かる
などから自分は今でも色覚異常の意識が全く無いのですが、検査表を見ると一部の数字が読めないのです。このようなことで世間の人は、「石原式」のぶつぶつの丸い斑点の「数字やひらがな」が読めなかったら信号や景色までが見えなかったり、間違った色に見えるという偏見の目で見ているのではないかと思うのです。私は四〇年間、主に保安、刑事の専務部門で職務を遂行し、常に勤務成績が優良で「優秀警察官」として本部長表彰も授与されました。在職中に色間違いをして懲戒免職になる学校の先生や警察官がいますが、色は色でも色気（不倫、セクハラ）が要因でクビになっている「色間違い」の多いことが、私には滑稽に見えていたのです。

私の孫が小学校四年生になった時、小学校で検査を受けたところ「異常」ということが判明しました。さらに眼科医院で検査したところ、緑色の二〇段階のうち薄い色の三つが分かりにくいようでした。娘は、父親が警察官であったため、まさか自分の子どもが色弱であるとは思わなかったので大変心が動揺したようです。

私は、妻と子どもに「お父さんが前もって話をしておけばよかったのだが、黙っていて申し訳な

かったなぁ、これはお父さんからの遺伝で先祖から伝わったものでどうしようもないんや。これから亮ちゃんが大きくなるにつれハンディを背負うことがあると思うが、その折には相談に乗るから」と話をしています。孫が眼科医院で精密検査を受け数字が読めなかったことから母親が動転し、「亮君、これ読めないの」と口出しをすると、先生から「お母さんは黙っといてください。子どもが色間違いをして色を塗っていたのに気が付きませんでしたか」と叱られたそうですが、娘は「この子はアニメを書くのが得意ですが、間違って色を塗ったことは一度もありません」と話したそうです。

検査後に先生から、「軽い色弱です。今は進学や就職で差別されることは少なくなり道が開けています。背が少し低いのと同じようなものです」と助言され、娘も少しは安堵しています。

警察官、刑務官、消防士、入国警備官など「国民の生命や身体を守る職業」は色弱者を欠格者と規定していますが、「色神検査」を暗記して職に就き一生懸命職務を全うしている人もいると察します。有能な人材を確保することが社会の利益です。軽度の色弱者を職業の不適格者と決めつけている国や地方自治体、企業は、大きな過ちを犯していることに早く気がつき、「色覚異常者」が希望ある職業に就けることを祈るばかりです。

（二〇一九年一一月　佐藤　正弘）

「色盲」の記録

空を飛びたい。病気や怪我した人を治したい。そんな希望を持っていたのに、今の職業は建築家。どうしてもなりたい職業ではなかったが、右往左往しているうちに辿り着き、開業して三〇年目に入った。今も鮮明に記憶していること、それは小学校入学時の身体検査。保育園も幼稚園も行ってないから期待に胸を膨らませ登校したら先ず身体検査。他の友たちが皆通過したのに自分だけが残され再検査をされた。それが強く印象に残っている。今から五四年前に色覚障害者のレッテルを貼られた。今も心に深い傷を残したままでいる。

その後どれほど苦悩し涙し、のた打ち回ったことだろう。事の真相を知らないで冥途の旅に発ったかも知れない。小学校一年生に赤緑色弱といっても理解できない。高校三年生までずっと通知表に記入されていた。色が見分けられないといわれたことを、自分は色が分からないと思い込んだ。それが後に悲惨な状況を招く。児童に色覚障害の意味など分からない。図画工作の時間は憂鬱で嫌な時間になっていた。現在の職業は図画工作そのもので成り立っている。その後この職業に辿り着くのにさらに二五年かかった。当時は今と違い、学校では毎年、色盲検査を受けた記憶がある。他人と違う弱点があることで劣等感を持ち、母を苦しめたと思う。

子ども時代

出生は宮崎県の中東部。海、山、川そして田畑と恵まれた自然環境の中で一九五六年農家の七男として生まれた。男兄弟八人と両親と母の両親との一二人家族。身近に昆虫や動物がふんだんに生息して家の中に昆虫が入って来る。蛇や鼠も同居していて牛や猫、豚、ニワトリもいた。蚕、稲作その他、農作物は殆ど生産していた。山野には鳥獣や木の実、渓流には様々な魚や亀、トンボやイモリ等々がいて天国。昆虫博士になっていたら幸せな人生になったと思う。

小学校四年の新学期から、父の仕事の都合で宮崎市の小学校に転校した。幸い郊外で自然が豊富、昆虫や動物との触れ合いが多かった。飼っていた犬が病気になり、同級生の綾部君のお父さんが獣医で、注射をして貰い命が助かった。そんな体験から小学校六年生の時、先生に昆虫博士か獣医師になりたいといったら、色が分からないから、その仕事はできないといわれた。これが最初の大きな挫折だった。

中学校一年で成績が良かった科目は美術で、特に彫刻やペン画、抽象画はいつも入選していた。写実画は先入観から恐怖心があり、母に着色して欲しいとお願いしていた。担任は美術の山下先生。ある時に母が色を塗った絵がクラスの中で褒められた。本当の事を誰にも言えなくて、その葛藤から二年に進級してからは全く作品を提出しなくなり、剣道部の部活もやめて学校の授業にも出なくなって、気がつくと山や市街をさ迷う不良になっていた。兄たちは父から厳しい教育を受けて優秀だったが、私は父から伊藤家の「出来損ない」と言われていた。

進路での挫折

その頃は乗物に憧れ、いつか外国航路の船長になりたいと思っていた。一方では工業高校に行って技術者になりたいとの希望も有った。しかし、三年生の時の進学相談で、赤緑色弱だから工業高校も商船学校も進学できないとの回答、再び大きな挫折を味わった。

公立の商業高校を受験したが結果は不合格。小学生の頃から父から口癖のように「高校受験すべったら京都の菓子屋に丁稚奉公に行け」と言われていて、兄弟で自分が初めての不合格。合格発表の日は深夜まで山で泣き、京都行きを覚悟して家に帰ると父が起きて待っていて、「今の時代は最低高校を卒業していないと社会から相手にされない。高校に行け」との言葉を貰った。

担任の先生に相談したところ私立の建築学科に追試で入れる所があるとの事。試験も身体検査もアバウトで合格。高校の建築学科に入学。身体検査は中学校の担任の先生が立ち合ってくれ難なくパスした。内申書に赤緑色弱と記入してあったが問題にされないばかりか、三年間何の問題もなく無事に履修。このことがさらに勇気を与え、夢をもう一度と心に火がついた。

高校三年の進路選定に入る前に兄の伸昭（四男）に手紙を書いて、航空大学校に入りたいから受験勉強の個人指導をして欲しいと懇願した。兄は「良いよ」と言ってくれたが、当時兄はまだ熊本大学の学生で熊本に住んでおり、今のようにインターネットやメールも無く、習いに行く交通費も無い。電話料金も高い時代だった。夢潰えたのは入試要綱の、「弁色力完全な者」との文言だった。

人の役に立つ職業へ向かって

幼少から常に人を助けたいという気持ちがあった。いつの日か人の役に立つ職業に就きたい、と。私の命を何度も救ってくれた隣町の開業医で父の友人の宮崎先生。紙飛行機を二階から飛ばしてくれた父。田畑と山林を持ち、大工もしていた祖父。実家の近くにあった航空自衛隊新田原基地。実家の裏山から見える日向灘を行く大型船。転校して引っ越した近所の宮崎空港（一部に航空大学校が在る）。孟母三遷の教えではないが医師やパイロットに強い憧れがあった。

高校時代は建築学科で物造り、スポーツ、それと夜に働いていたので小遣銭もあり、変化に富み楽しく過ごした。そして東京都豊島区駒込の弥生建設工業（株）に就職。会社に到着した当日に茨城県古河市の工場勤務を拝命し、上野駅から出発。この会社は総合建設・アミューズメント・鉄鋼の三部門があり会長の小林弥太郎氏が鉄鋼工業会の会長をしている優良企業。鉄鋼部で工場と現場の仕事を経験して半年で本社勤務になる。

しかし、スーツにネクタイで毎日計算機のキーを叩くだけの単純な仕事と人間関係に飽きて、元来の潜在的な気持ちから警視庁の航空隊に入りたいと思うようになり、毎昼休みに駒込の上富士前交差点交番に通い、警視庁の警察官になりたいと相談をしていた。そして遂に駒込警察署署長の推薦書を戴き、覆面パトカーで送り迎えと弁当付で中野の警察学校に受験に行った。

当時は体力も気力もあり勉強もしていたから、成績も良く身体検査以外では問題無し。しかし最後に校長室に呼ばれて校長直々に「君は惜しいなあ。成績も体力も優秀だが色覚に問題がある。犯罪を追う警察官として犯人の衣服や持ち物の色が判別できないのは致命傷なので、警察官ではなくて事務官として警視庁の職員になったらどうかね」という言葉を貰った。目の前が真っ暗になった。

また、この頃に会社の慰安旅行で伊豆大島に行く船上、総務課の係長に色覚異常の相談をしたところ、「目は必ず治るから日曜日に自宅に来なさい」と言われ喜んで伺うと、寺院に連れて行かれ大勢の人の集会で、洗礼といって頼んでもいないのにある教団の信者にされ、巻物と経書を渡された。その後、会社に行くのが嫌になり、このことが会社を辞める原因になった。時を同じくして東京女子医大眼科にて色覚の精密検査を受診、強度第二色盲（緑色盲）との診断結果。

自衛隊に入隊

会社の帰り街角の掲示板に自衛官募集の広告と葉書を見付け、早速航空自衛隊入隊希望と書いて投函した。すぐに朝霞駐屯地の募集係の方が戸田の寮まで訪ねて来て、中途入隊できるから何時でも連絡くださいとのこと。色覚の問題を相談したら、駐屯地内の自衛官（医官）が検査するし自分が教えるから大丈夫と言われ、身体検査合格。一九七五年一月、航空自衛隊熊谷基地の第二航空教育隊に百六六期新隊員として一八歳で入隊。一つの道は開けた気がして気力体力ともに充実していた。教育隊では体力褒章を戴く程の成績を上げたが、後期に職種を決める段階で問題が発生。この時の身体検査で色弱が判り、航空機関係は駄目だから教育隊に残り訓練教官にならないか、体育学校にも入れるし、オリンピックも目指せるとの誘いの言葉を貰った。

しかし航空自衛隊に入隊したからには航空機に関わる仕事にとの意志が強かった。辞表を出させていただきますと固持。中隊長の福元一尉（大尉）は同じ宮崎県出身で航空学生出身。中隊長室に呼ばれて「君はどうしても航空機関係に行きたいか」と問われ、「はいパイロットに成りたいのですが、色弱です。せめて航空機整備員になりたいです」と答えた。すると中隊長が航空幕僚監部に問い合せてくれた。油圧整備員ならば赤色が識別できれば良いとの回答があった（油圧の作動油が赤く着色されているため）。

やったー。天に昇る気持ちってこんな感じ。はれて浜松の第一術科学校航空機整備油圧整備員課程に入校。卒業後、他の同期の隊員はペアで実戦部隊に配属されたが、私は岐阜県各務原市の航空自衛隊岐阜基地の航空実験団整備群修理隊に配属。この部隊はテストパイロットの養成、航空機開発、実験などを技術研究本部と民間の会社と共に行う特殊部隊。仕事にスポーツに充実した日々を過ごした。

建築士になって独立

その間もパイロットになりたい、医師になりたいとの夢は捨て切れなかった。下士官になってしばらく経った頃に、兄の正之から『色盲色弱は治る』（山田紀子著、ベストセラーズ出版）という本が送られて来た。実はこの兄と四男の伸昭は同じ赤緑色弱で、二人は兄弟の内でも特に優秀で常にトップの成績だったが、進学就職では色覚異常で挫折していた。心が揺れた。自衛官として整備員として確立した仕事。しかし先輩自衛官の将来を見ていて満足できず、夜学にて東海工業専門学校建築工学科に通っていた。卒業して二級建築士を取得したら退職して建築の仕事をしながら目を治して夢を実現しようと思った。

自衛隊では様々な経験をした航空機関士（機上整備員）の仕事で試験飛行等にも同乗。実戦部隊では経験できない航空機の開発や改修の仕事も経験し充実した九年間だった。この間、色覚で困ったことは一度も無かった。

二八歳だ、目を治して再出発しようと東京池袋にある西武都市開発という開発会社に入社した。そして、目白の目白メディカルクリニックに通院。毎回の治療はほとんどセルフサービス。少し変化はあれ、良くなっている実感は無い。高度（高額）の治療をすれば早く治るとの案内放送が常に流れていた。定期航空会社の自社養成操縦士の募集は全て大卒以上。治療は遅々として進まない。

会社では、この話はできず、相談する相手もいない。別荘地の工事統括として八ヶ岳の別荘地に赴任。年間五〇棟程の別荘建築の施工管理、設計事務所や営業との打ち合わせ、工事会社との仲立の日々、独立（開業）して設計事務所を経営しつつ夢に向かおうと決心して退職。東京都北区赤羽の小澤建築事務所にアルバイトで入り、設計や測量を学び三一歳で独立した。

それから二年で一級建築士取得。翌年に結婚。その翌年に長女誕生。有限会社舵設計工房設立。途端にバブル崩壊。その後、建築設計業にとって不毛の社会状況。二六年の歳月が流れた。その間、色覚のことで困ったことは皆無。子育て、経営の日々で四苦八苦。終ぞ夢を失いかけていた。還暦を迎え、夢を自社で達成すべく挑戦を続けている。

今思うこと

人生を省みて、己に賢明さや粘り、探究心が有ったなら早い時期に夢が達成できたと思う。六歳で根拠の無い色覚障害者（障害者手帳も何の保証もない）になってから五四年間、葛藤と苦しみの連続だった。解決策にと議員に立候補したこともあった。四九歳で在家仏教の仏門に入り、僧侶としての修行も始めた。しかし、この心の傷は癒えない。人は権力や名誉や、お金のために、自分を少しでも優位な立場に置いておきたいと見苦しい姿を露呈する〔私は虐めの構造（心理）と思っている」。

今後は色覚差別撤廃のためにも私の夢を叶え、差別や障害、病気で苦しむ多くの人や、宇宙・地球・人類のため、そして若者に夢と希望が与えられる人間として残りの人生を歩んで行こうと思っている。

（二〇一六年一二月　伊藤　隆之）

Stop! 色覚差別

日本色覚差別撤廃の会

シンボルマークについて

マーク内のC、V、D、Sにはそれぞれ色覚（Color vision）、多様性（Variety）、差別（Discrimination）、撤廃（Stop）の意味が込められています。

第2章
予断と偏見を問う当事者の所見

なんなんでしょうね、あの制限は……

先日、私が参加したオンラインお話会に布の販売を専門職としている方が参加され、話をすることができました。微妙な色の組み合わせなどで、組み合わせがなかなかできない人がいたそうで、その人は色覚の当事者だったそうです。芸術的な色の配置などでは個性的色使いでいいんだけど、やはりお客様相手の販売となると難しいのではないか……とおしゃっていました。

この話を聞いて、色を扱う仕事は色覚当事者には無理ではないか、「制限が必要」と私には聞こえてしまい、ちょっと心がざわッとしました（すみません。その専門職の人はそうは思っていないと思いますが……）。当事者には無理かも→「制限が必要」→「色覚検査」→色覚差別・偏見と、一瞬の内に私はいつも行きついてしまいます。だけど、当事者ではない人がこういうふうに「当事者には無理かも」と思うのは当然なのかもしれません。私は当事者で数多く不当な色覚制限を見ているので、一瞬にして「色覚差別・偏見」に思いは行ってしまうのですが、途中の「制限が必要」というところに今回は視点が向きました。「当事者は無理かも」の次に「制限が必要」と行くのではなく、「当事者が望むならなにか方法が……」と続けること。本会（てっぱいの会）は色覚当事者の会で、昔不当な制限のあった警察官、医者、教員、デザイナー、色コードを扱う配線工等になって職を全うした人がけっこういます。もしかしたら、困ることがあったのかもしれませんが、重大な事故に繋がったとか不具合を生じたという話はまったく聞きません。その人なりに不具合がでないよう工夫しているようです。その職の中で才能を存分に発揮した人も多いです。日本色彩学会の会長をしていた国立大の名誉教授は、てっぱいの会の役員をしています。相当強度の色覚の差異をお持ちの方です。そんなことを思って、簡単に言っちゃえば、「制限するなんてもったいない！」。

科学ジャーリストの川端裕人さんが『「色のふしぎ」と不思議な社会』という本を二〇二〇年に出しました。その中に、内外の学者の色覚に関する研究報告を紹介していました。簡単に紹介すれば、色覚に関しては「異常」「正常」とはっきり分かれるものではないこと、ほとんどの人に色覚の差異が認められること。「異常・正常」ではなく「多様性」といった方がいいんじゃないかと書かれてありました。ホント、エビデンスの十分ある「眼科的」な「制限」なんてできないんじゃないでしょうか。工夫すればなんとでもなると思うのです。

自分で「無理だ」と思うのはこれはしょうがないですが、第三者が「おまえは無理だ」というのはどうなんでしょうか。それも、エビデンスの足りない「眼科的」な検査を用いて……。

私は、昔、結婚するために急いで就職しなければならなくなり、とりあえず小学校の先生になろうとしました。その頃、小学校の先生には色覚制限がありました。「何言ってんだ」と、あの石原式色覚検査表をすべて暗記して採用試験に臨みました。三五年間勤めましたが、まったく不具合がありませんでした。工夫のしようもなかった。
なんなんでしょうね、あの「眼科的」な検査を元にした「制限」というのは……。

（二〇二一年五月　井上　清三）

焼き肉の話

就職時の試験で色覚検査があり、その時初めて自分の色覚特性を知ったという話は、そのことによって希望する職種に就くことができなかった、という話に展開し、「かわいそうであった」という他者からの意見、さらに「もっと早くから知っておきたかった」という本人の意見が出されます。そして、だからこそ学校で「色覚検査を復活させるべき」という流れになっていきます。それに対し、私たちは異議を唱えてきました。

それはその色覚検査がそもそも「石原式色覚検査表」という色の識別能力を測る検査ではないものが使われていること、それにより多くの業務に支障のない人まで排除してきたことは就職差別であり、問われているのは色覚差別を放置している社会の方であるという視点からです。だから私たちは制限を加えてきた業種の企業に対し、どうしても色の識別能力を検査する必要があるというのであれば、「実物」でやるように要望してきました。

一方、その制限理由の多くが「信号の色が識別できないと……」などの人工的に作った「物」についての識別能力となっています。これは本来、バリヤフリーの問題であり、社会が「強度」の色覚特性の人に配慮し変えていくべき問題です。

したがって学校での色覚検査に賛成する人たちに言いたいのは、「かわいそうだ」という視点で賛成するのではなく、「石原式色覚検査表」による色覚検査で排除している社会そのものを変える方向で、当事者を支援してほしいのです。他人事として放置したまま色覚検査に賛成することは、色覚差別を助長し拡大している行為であることに、本当に気づいてください。

以上のような基本的視点を述べたうえで、先日、「撤廃の会」で焼肉の話について議論しました。就職選考時に色覚検査を受け、自分が「色覚異常」であると初めて気がついたという人が、次によく焼肉の話を出します。テレビでもそのような流れを、焼肉の映像を流しながら放映されました。このことに対して私は「いつも頭にくる」と発言させていただいたわけです。

そもそも日常生活で自分が他の人と色の識別能力が違うと気がつかなかった人が、「そういや焼肉の肉が焼けたかどうか、わからなかった」という話を持ち出すことに対する違和感です。焼肉の肉が焼けたかどうかは、色の識別だけで行っているのか、ということです。そういうことを大声でいう人は、そもそも料理を自分であまりしていないのではないか、と思うのです。表面が焼けていても中が焼けていないというのは普通の場面でよくある話です。火の強さ、時間、焦げ具合、肉の厚さ、肉の種類など様々な条件によって、焼き具合を測るものであり、肉の色だけで測るものではないのです。

だからバーベキューなどをしていても、肉が焼けたかどうかは結構わからないもので、「焼きが足りない」「もうちょっと焼いて」などの声は当たり前のようにあります。家で料理をしていて、外見が焼けているようでも心配な時は電子レンジに少しかけることをする人は結構おられるのではないでしょうか。そして、おいしく作るには焼きすぎてもダメなわけですから、そこを料理の経験で補っているはずです。あるいは料理本やネットのレシピなどに頼っている人も多いのではないでしょうか。

またそもそも焼肉のその肉は何肉だったのでしょうか。牛肉などは好みによって焼き具合が変わるのはご承知のとおりです。みんなで焼肉をしている時にわからなくて出遅れるというようなことをいっているのでしょうか。それも特に牛肉であれば半生でも手を出す人も多くいますし、焼け方が自分に合わなければもう一度焼き直す人も多くいます。豚肉の場合はしっかり焼きたいと思う人が一般的で、多くの人は焼き具合を入念に確かめます。あと新鮮な肉かどうか、高い肉か安い肉かによって焼き方は変わります。

焼肉の肉が焼けたかどうかは、色の識別だけでやっていないんです。だから色覚検査で引っ掛かった瞬間、「そういえば焼肉の肉が焼けたかどうか今までわからなかった」という振り返りをする人に、本当にそうなのか、もう一度よくよく振り返ってもらいたいものです。また、検査の必要性を説明する眼科医や養護教諭、放送に携わる人たちが、安易に「焼肉の肉が焼けたかどうかわからなかった」という事例を、ことさらに持ち出すことは本当にやめてもらいたいです。そして、その行為自体が色覚特性のある人に対する偏見を拡大させていることに気づいてもらいたいです。

とにかく検査の必要性を説明される人が、「採用試験で色覚特性を知って希望の職種に就けなかった人がかわいそう」と発信したり、その際に初めて知った人が「焼肉の肉が焼けたかどうかわからなかった」というような話を持ち出すことは、色覚差別を容認し拡散していくものだと私は考えます。

だから私は声を大にして言いたい。「色覚の特性を説明するときに『焼肉の肉の話』を持ち出すことは本当にやめていただきたい」と。

（二〇一八年一一月　桐畑　善次［二〇二二年一月逝去］）

滋賀医科大学医学部眼科学講座「色覚外来」御中

我が家の三男は只今、一浪して大学薬学部二年生です。高校一年の時、学校の色覚検査で初めて判りました。母親である私の亡父がそうだったと遠い記憶が蘇り、愕然とし、母親としての責任を大変感じました。その当時、もう大学進学先は薬学部を検討していたため、ある県内の薬学部のある私立大学に相談しました。「教科書がカラーで理解できないだろうし、実験などで支障をきたすし、実際に薬剤師になったとしても仕事に支障をきたすので、今のうちに諦めた方がいい」との回答でした。あまりの心ない回答に愕然としました。本当に教育機関の方かと信じられない思いでした。私なりにいろいろ調べてみました。

一番手っ取り早い方法がインターネットでした。その中で貴色覚外来サイトを見つけました。上位に出ていて、他の方も参考にされていて、とても目立つ存在でした。しかし他の情報では、色覚特性の方は薬剤師の中でも普通にいらっしゃるようです。色弱だからといって仕事に支障を来したことは一度もないとのことでした。ですので、本人に諦めさせることはしませんでした。今、違う私立大学の薬学部に通っています。今の所は全く支障があるとはいっていません。当然だと思っています。今まで全ての生活で困ったり不安に思ったことは一度もないといっていましたから。

今時はひとり一台のスマホ時代です。何か不安があれば、すぐインターネットの情報で簡単に調べられる時代です。こんな五〇代の者でも本当に便利な時代になったと重宝しています。何故、「日本色覚差別撤廃の会」という団体が設立されたのかということを考えていただきたいと思います。

我が家の次男（本人の兄）は、今就職活動中で、正に色覚検査が就職試験の中に盛り込まれ、引っかかれば不適格と言われる職種を選ぼうとしています。彼は色覚特性ではありません。その姿を見て思うのですが、色覚特性かどうか知ることとは悪いこととは思いません。しかし、石原式色覚検査に引っかかったからといって、色の見え方が通常と違うからといって、本当にどれ位の方が本当に職務に支障をきたしているのでしょうか？　通常の見え方をする人々から感じた偏見なのではないでしょうか？　どうぞ、医療の面で検証していただきたいと思います。

国立の医療機関である貴大学病院は世間から見れば、地域から信頼されるべき地元の医療機関のはずです。貴サイトでは「時代によって考え方が変わる」と締めくくっていますが、色覚特性だからといって、なりたい職業から排除される日本のシステムにこそ、偏見で問題があるということにはなりませんか？　尾鷲市の重度の難聴の方でも、医師になり、信頼されて活躍しています。全盲の方でも、八度の国家試験を経て弁護士になり、立派に活躍されています。現在ではいろいろな発達障害も解明されてきています。その方の中にもたくさんの立派な経歴や社会的地位にいらっしゃる方もたくさんいます。細かいことをいえば、何かしら見た目何の欠点もなさそうな人でも、何かしらの欠点を抱えているという捉え方はできませんか？

しかし、人間というものは無意識のうちに足りない部分をフォローする仕組みになっているということは、医療人として理解されていることと存じます。世知辛い世の中の昨今ではあります。少子化も深刻です。これからの未来も、この世知辛い世の中は、このまま進んでしまうのではとの不安もあります。若い世代が菅総理の政策理念のように、「自助・共助・公助」で子育てが安心して出来る社会になってくれることを願ってやみません。どうぞ、医療機関として、当事者の立場に立って、医療の方面で、これからの若い人たちの明るい未来を、これからの若い人たちの立場に立って、欠点のある者を排除するのではなく、医療の面で支える役割を発揮していただくことをお願いいたしたいと思います。

（二〇二〇年一一月　松下　里美）

色覚多様性と理科系の仕事

昭和四〇年代の色覚多様性に対する入試での差別はひどく、「色覚異常は入学できない」と入試要項に記載する大学が多かったのです。高校職員室で周囲に響く大声で、「理科系で一番嫌がられる！」と言われましたが、その言葉は私にますます理科系進学を決意させました。もともと私は自分が理科系に進めないと考えたことは一度もなかったのです。なぜなら私の色覚多様性は祖父からの贈物ですが、祖父がなんら問題なく一医師として人生を全うする姿を見て育ったからです。

また大学の募集要項を見ると関西から西は差別が激しく、関東から東では全く差別しない大学がいくつかあることがわかりました。確認のため各大学に問い合わせると、「色覚は合否に関与しない」との回答を数大学から頂きました。さらに翌年の募集要項で全く差別がないことを明確に書き加えてくれた大学もあり、勇気が湧きました。

結局その一つに入学し物理学を修めましたが、思うところあり医学部再受験となりました。受験した医学校の色覚多様性への対応は不明であり、問い合わせにも「筆記試験合格後に取扱いを決める」との曖昧不親切な回答で途方に暮れました。筆記合格後に差別されては困ります。「責任は私がとります」と保健所の若い医師にお願いして診断書の「正常」に丸をつけて頂きました。それ以来、今日まで医師として約四〇年働いていますが、仕事上、困ったことはありません。医師法にも色覚による差別項目はないのです。

色覚多様性を有することで有難いことは、人権擁護の意識が高まったことです。抑圧されている人々の人権の侵害に敏感になり、常に弱者のことを考える習慣ができました。

医療・医学の世界では遺伝子検査を行う際には、慎重かつ厳重な取扱いが求められています。事前に詳細な計画書を作成し、倫理委員会の審査承認が必要です。患者さんには説明書による詳細な事前説明、検査に対する同意書の取得、さらに検査結果に対する患者さんへの心理的フォローも必須なのです。これらの厳重な取扱いは厚生労働省、文部科学省の求める倫理指針でもあるのです。

ところが石原表色覚検査が明らかに遺伝子検査であるにもかかわらず、小学校で安易に石原表検査を行うのは極めて異常な事態です。文部科学省が大学附属病院に対しては、遺伝子情報の厳格な取扱を指示しているにもかかわらず、小学校に対しては、遺伝子検査である石原表による色覚検査を、無神経かつ安易に推奨するのは許されることではありません。まさにダブルスタンダードです。

人権意識の希薄な一部の方々の圧力をうけた二〇一四年の文部科学省通達で色覚検査が復活する傾向にあります。皆様と力を合わせ、石原表検査の復活を阻止しなければなりません。

（二〇一七年一一月　内野　和顕）

色覚問題を巡る医師間の論争

m3.comという医師同士だけが意見を交換するサイトがあります。ここで最近、「色覚異常は外科医に向かない？」というタイトルがとりあげられました。

内容は最近の外科では腹腔鏡手術が一般化してきているので、色覚異常がある医師でも安全に行えるかと疑問視し、ある程度以上の強い色覚異常では進む科を制限した方が良いのでは、というテーマでした。これに対して色覚異常を持つ外科系医師たちからは現実には何も問題はない、という見解が多く出されました。

私自身は以下のように厳しい投稿をしました。

《「知りもしないで何を言うか！」私を含め兄弟四人が色弱です。しかし、うちふたりは歯科医師（ひとりは口腔外科教授）、残りのふたりは医師で国立大学で指導教官だったし、私は四四年間、外科医で勤めて四〇人以上の外科医を育てている。色覚異常というのは、全くなーんにも医師の仕事には支障なんかない!!　石原式というとんでもない検査表で診断されても、それは色覚のその人の特性を診断しているに過ぎないのであって、その色覚で何ができないのかを調べているのではない。色の感覚の違いなんか実際には実感できないし、実際何の支障もない。この頭の知識だけの眼科医の作った「ばかな差別」で、色覚異常の若い人たちがどんなに意味のないひどい差別をかつてされたか、あなたたちは知っているのか。体験しない正常色覚者が何を言うか。》

たくさんの意見が投稿されましたが、現役の外科系医師たちのほとんどが、自分も色覚異常はあるが現実には全く問題はないというものでした。一方、元眼科の教授という方から、「もう少し勉強が必要！」という反対の投稿もありました。そこでは現在では色弱や色盲という用語は使用しない、石原表の真価を理解できない不勉強な眼科医が少しいる、という見解を述べられていました。それはそれでよいとしても、現実に外科医として仕事をするのには色覚異常は問題にならないということに関しては、相変わらずわかっていないようです。

投稿した医師のひとりは、母親が息子が色覚異常だと知って父親との結婚を悔い、自分の前で泣いた、ということを書かれていました。

これを読み同じような思いを経験した私は思わず涙が流れました。私は、色覚異常のある学生は入学させない規定だった生まれ故郷の大学を受験できず、他県の大学を出た後、故郷の大学に戻り教官になり、二七年間務めて学長から永年勤続表彰を受けました。

ばかな制限があったものです。昔からいわれてきたことですが、教授会で眼科教授の力が強い大学はみなこうだったそうです。外科医が行う目の前の組織が何かなどの識別は、むしろ形状、表面の状態、周りとの位置関係、そして動きや触れた感触が重要なのです。単なる色はむしろ個体差がありすぎて、あまり当てにしてはいけない情報のひとつです。

全国の医学部希望の子どもを持つ親御さんは、子どもの色覚特性なんか外科系の医師になってからは現実には何も支障はないことをしっかりご理解いただいて、子どもさんを励ましてください。

（二〇一五年一二月　本間　隆夫）

雇入時健康診断項目の改正について
色覚検査の廃止
改正内容
雇入時健康診断の色覚検査の義務づけを廃止。
安全確保のための識別措置の改正。
厚生労働省

雇入時健康診断の色覚検査廃止を伝える
厚生労働省のリーフレットの表紙（2001年）

第3章

転変する色覚検査制度

——社会的な色覚バリア・障壁の残存

日本色覚差別撤廃の会の発足は一九九四年です。さまざまな活動を重ねてきたなかで、二〇〇一年に採用時の色覚検査の廃止、そして二〇〇三年には学校での色覚検査の廃止など、制度面の一大改革が訪れました。その一方で信じがたいことに、学校での色覚検査が二〇一六年度頃から実質的に復活するに至っています。

本章では、この二〇年あまりで展開された「制度的な色覚検査」の振幅の大きな転変をたどっていきます。

1　曙光と陰影――制度の改正

21世紀初頭、大正期以来の予断と偏見に基づく暗闇に突然、世の中を照らし出す曙光《しょこう》が出現しました。

ほどなく輝く光を覆う群雲が早くも影を落としはじめましたが……。

✺画期的な厚生労働省令

二〇〇一年七月、厚生労働省は省令改正により「労働安全衛生規則」を改正、いわゆる「雇入時健康診断」の必須項目から色覚検査を削除しました。六月の坂口力厚生労働大臣の記者会見から半月余りでの労働政策審議会諮問、即日の答申、省令改正と電光石火のはこびでした（改正規則の施行は同年一〇月）。

同日の担当局長通知では、改正の趣旨・根拠について次のように記述しています（傍点は引用者、以下同じ）。

第1　改正の趣旨

労働安全衛生法に基づく雇入時健康診断は、雇い入れた労働者の適正配置や入職後の健康管理の基礎資料を得ることを目的として事業者に対して実施を義務付けているものであり、色覚検査についてもこの一環として実施されてきたものである。しかしながら、色覚異常についての知見の蓄積により、色覚検査において異常と判別される者であっても、大半は支障なく業務を行うことが可能であることが明らかになってきていること、さらに色覚検査において異常と判別される者について、業務に特別の支障がないにもかかわらず、事業者において採用を制限する事例も見られること等から、今般、雇入時健康診断の健診項目としての色覚検査を廃止する等所要の整備を行ったものである。

（中略）

第3　その他

改正の趣旨及び内容の周知に当たっては、以下の事項を理解の上、これに留意して実施すること。
（1）……改正の趣旨にかんがみ、職務に必要とされる色の識別能力を判断する際には、各事業場で用いられている色の判別が可能か否かの確認を行う等にとどめることが望ましいこと。
（後略）

「知見の蓄積により……色覚検査において異常と判定される者について、業務に特別の支障がないにもかかわらず、事業者において採用を制限する事例も見られる」ことなどから色覚検査を廃止することとしたもので、「職務に必要とされる色の識別能力を判別する際には、各事業場で用いられている色の判別が可能か否かの確認を行う等にとどめることが望ましい」と的確・明快に提示していたのです。

あわせて引用を省略したくだりで、法令上の各種見分け措置に関して「色分け以外の措置を併せて講じる」ことにより、「誰もが判別しやすい表示を行う」ことも求めていました。

当事者たちにとって長年の悲願であった法的改正が、当然の内容とはいえ実現したことは画期的な快挙でした。また厚生労働省では、この改正をひろく周知、啓発する簡潔明瞭なリーフレット『色覚検査の廃止』を作成、配布していますが、そのなかで「色覚検査は現場における職務遂行能力を反映するものではないことに十分な注意が必要です」と、留意事項の一つとして明記していました。「知見の蓄積」に基づいた明快なメッセージといえるでしょう。

以上の急転直下ともいうべき制度改正は本会にとっては望外の喜びでした。もとより発足以来、当事者団体として旧文部省や厚生省をはじめ関係省庁へも継続的に改善を求めてきてはいましたが、容易に進展のない日々が続いていたところです。事態の転換が水面下から姿を現したのは、六月に坂口力厚生労働大臣が閣議後記者会見で表明したときでした。その伏線は三月の参議院厚生労働委員会で、大島慶久議員の短いながらも要を得た質問と要望に対して、「自分にも理不尽と思える知人がおり、一律に色覚検査を実施する必要があるか、かねてから疑問をもっていた、あらためて検討したい」と大臣が答弁していたのです。

会見では色覚検査を廃止することを近く労働政策審議会に諮ることとしたと述べ、その後は翌七月に審議会諮問・答申、規則改正が同日に発せられるという異例のスピードの展開となったのでした。

以上により、採用時の健康診断において色覚検査が法的・制度的には廃止に至ったわけです。それに伴い採用現場での色覚検査の廃止も進むのは当然ですが、実態は必ずしもスムーズに浸透はしていません。

これには相応の啓発は行われたとはいえ、採用現場の関心や問題意識の低さ、年月と担当者の移り変わりによる忘却や引継ぎモレに加え、大正期以来の長年にわたる慣行による予断や偏見が相まってのことでしょうが、海外にはほとんど例を見ない慣行の形成を主導してきた、この国の眼科医たちの存在もまた見落とせません。

先に記した石原表のひとつ『学校用　石原色盲検査表』内の解説文で、次のように「色盲者」に不適当な職業をあげながら、眼科的な色覚検査の必要性を力説していました。

・船員、鉄道員等――信号を見誤って事故を起こす危険がある
・医師、薬剤師――診断や調剤を誤れば危害を及ぼしかねない
・その他すべて色を取扱う職業：化学者、画家、染物業者、印刷業者、呉服業者――危害を及ぼすことはないが生存競争で本人に不利益である

実はここには単なる思い込み以上のもの、科学的な根拠（エビデンス）は前後に何一つ示されていないのです。職業適性に関する石原の抜きがたい予断と偏見、排除と差別の心性が露呈していないでしょうか。仮に時代的な制約が当初はあったとしても、これが存命中の以後四〇年間ほとんど修正されることもなく、ついには昭和の末年まで学校保健の現場で、事実上の基準として流布していたのでした。なお、この解説文で際立つ非論理性ないし没論理性については後述します。

✺文部科学省のヌエ的な追従

厚生労働省の規則改正から遅れることほぼ九か月、文部科学省は二〇〇二年三月、文科省令により「学校保健法施行規則」を改正、学校での定期健康診断の必須項目から色覚検査を削除しました（規則施行は〇二年四月、実施は〇三年度）。つまり、制度的・義務的に実施されてきた校内での色覚検査がついに原則として消滅することとなったのです。廃止を長年求めてきた当事者にとって、採用時の健康診断における色覚検査の廃止に続く、まさに待望久しい福音を告げるものでした。

学校保健法では児童・生徒などについて、毎学年の定期健康診断の実施が義務付けられており（第6条）、その下の施行規則では次のように定められていました。

> 法第6条第1項の健康診断における検査の項目は、次のとおりとする。
>
> （略）
>
> 四　視力、色覚及び聴力
>
> （略）
>
> 3　……色覚の検査は、小学校の第4学年において行うものとする。

これらは当然削除されたわけです。

しかし規則改正と同日に、なんと改正の趣旨・根拠と乖離《かいり》する羊頭狗肉《ようとうくにく》の担当局長通知が出されたのです。それは「知見の蓄積により、色覚検査において異常と判別される者であっても、大半は支障なく学校生活を送ることが可能であるが明らかになってきていること」などから「色覚の検査を必須の項目から削除した」と、冒頭ほとんど厚生労働省の局長通知をコピペしたか（違いは「業務」が「学校生活」にぐらい）のくだりの後に、「留意事項」の項で次のように言い放っていました。

第4　色覚の検査の必須項目からの削除に伴う留意事項について

1　色覚の検査

（1）今後も、学校医による健康相談において、色覚に不安を覚える児童生徒及び保護者に対し、事前の同意を得て個別に検査、指導を行うなど、必要に応じ、適切な対応ができる体制を整えること。

（2）定期の健康診断の際に、必須項目に加えて色覚の検査を実施する場合には、児童生徒及び保護者の事前の同意を必要とすること。

（略）

（4）今後も、色覚異常検査表など検査に必要な備品を学校に備えておく必要があること。

（略）

「本人・家族の同意」を建前の要件としつつ、「健康相談」の名目での色覚検査の温存、さらには「定期健康診断」での検査の続行すら許す、羊頭狗肉のいわばザル通知だったのです。廃止に「絶対反対」を呼号していた日本眼科医会（以下、眼科医会）による圧力に、当局が妥協した結果と仄聞するところです。

ちなみに、この通知とセットで、いわゆるパブリックコメント（意見募集）の集計結果が公表されていますが、次のとおり色覚検査制度の廃止に賛成するものが大半。当局の通知に加えられた、「本人・家族の同意」を要件として検査の維持・存続を求める声は実は皆無だったのです（合計一一五五通）。

改正案に賛成　一〇六件
改正案に反対　一〇二件

なお報道の範囲だけでも、盛岡、神戸、高松の各市教育委員会は当地の眼科医会の強い要請を受けて、引き続き全市立小で一斉検査を継続させていたとのこと（毎日新聞、二〇〇三年六月三〇日）。全国の動向としては眼科医会の全国四七支部のアンケートによると、翌二〇〇四年度では次のとおりで、全国の小学校の一～二割程度では残存していたようです。

「ほとんどの学校で実施」　五支部（一〇％）
「半分ぐらいの学校で実施」　六支部（一三％）
「一部の学校で実施」　一二支部（二六％）
「ほとんど実施せず」　二四支部（五一％）

また眼科医会は学校保健部を中核に、その後も一斉検査の復古を内外に高唱しつづけてきたのです。例えば機関誌『日本の眼科』でも、色覚検査の制度的廃止に対する不満の見解、ヘイト・メッセージがさかんに掲載され、会員の関心の喚起をしきりに図っていました。一例を紹介すれば、本部の見解を問われ、「任意となった本検査の実施を継続されておられる学校医の先生方……の強い信念と決断に頭が下がる思い」であり、「検査実施が可能な地区においては、今後も継続して実施され、適切に運用されるようご尽力のほどよろしくお願いいたします」と表明していたのでした（78巻2号、二〇〇七年）。

2　反転——制度の逆コース

✴眼科医会の深謀

状況を反転・一変させる次のエポックは、それから一〇年後に仕組まれました。

ある実態調査が眼科医会で目論まれました。二〇一〇〜一一年度の二年間にわたり、全国の会員眼科医へ実施したアンケート調査ですが、会員が受診者に聞き取ったとされる「色覚に係わるエピソード」は合計六六〇件。調査の対象とされた眼科医院は六五七か所なので、平均では二年間で一件しか色覚の診療が行われていない実状が窺われます。この調査を推進したごく一部の色覚検査信奉者を除けば、一般的な眼科医院において色覚の診療はほとんどルーティンとして存在していないわけです。

何よりも調査結果の「考察」がフェイクと言ってよい代物でした。機関誌の二〇一二年一〇・一一号に掲載された報告書（の添付資料まで）を読みこみますと、エピソード六六〇件のうち「進学・就職」関連はわずかに九二件、このうち一七から一八歳（調査時点で、二〇〇三年度からの学校での一斉色覚検査を受けなくなった年代）の高校卒業の就職時でのケースは三八件（これ以外の年代は、一部を除き就職にまだ差し掛かっていないか、二〇〇二年度までの学校健診で一斉色覚検査を受けています）。

そこでは「指摘された」などが多く、採用で自ら「断念」など明確なトラブルが見られたのはわずかに四件。うち実際に採用が「拒否」されたと窺《うかが》われるケースは一件のみでした（一八歳、女性、警察）。

ちなみに以下は事例の一部として本文上の「進学・就職」の項で掲載された箇所の引用ですが、そのうち一七〜一八歳のケースは三八件のうち七件のみ。実際に採用が「拒否」されたと窺われる唯一のケース（一八歳、女性、警察）はなぜかここでは割愛されています。

四　進学・就職に関したもの

（説明文等　略）

・一七歳男　工業高校で電気関係の仕事を考えている。入学後の検査で異常を知ったが、早くから分かっていたら進路は違っていただろう。

・一七歳男　就職先の色覚検査で異常を指摘された。電気工事士の免許を取得したのに、将来が不安。

・一八歳男　自衛隊志望だったが、色覚異常とわかり断念した。

・一八歳男　異常があることは知らなかったが鉄道会社採用時の検査で要精査となった。

・一八歳男　自動車整備業の就職試験で初めて色覚異常を指摘され驚いた。

・一八歳男　今年警察官になる試験を受けに行き色覚異常を指摘された。
・一八歳男　消防の仕事を希望し、願書提出の際に検査があり異常を指摘された。

ところが眼科医会は、この報告書の発表のなぜか一年近くも後になって、集計結果を捻じまげつつ当局・マスメディア・政界に向けて、ほとんどプロパガンダと呼べるような宣伝キャンペーンを、以下のとおり執拗かつ計画的に展開していったのです。

✺眼科医会の工作

文科省は二〇一二年春、学校保健安全法施行規則に残る座高測定と寄生虫検査の見直しを図るべく、「今後の健康診断の在り方等に関する検討会」（一二年五月〜一三年三月。以下、検討会）を設置していました。しかし一二年度いっぱいだったはずが、なぜか一三年一二月まで検討会が継続され、設置当初は検討項目にすらなかった色覚検査に関して、一三年夏の第七回会議で唐突に、眼科医会学校保健部の宇津見理事に、参考人としてプレゼンの機会を与えています。その内容は、二〇一〇〜一一年度に眼科医会が実施していた前述の実態調査に関する結果報告と称して、結果を潤色しつつ、学校色覚検査の制度的再開の必要性を、ことのほかアピールするものでした（八月一五日、第七回議事録）。

眼科医会は翌九月には同じ調査結果について、こんどは記者クラブで「学校での色覚検査について」とのタイトルで、ここでも学校保健部の宮浦理事が会見、「自らの異常に気づかない生徒が就職・進学に際して被害を被るケース」が増えかねない、と根拠を示すこともなく不安をあおったのです。色覚検査が必要なのは、当事者の被害を防ぐためだ、と欺くかのように。

対するマスメディアはといえば、なんら裏付けの取材・調査もないまま翌日の各紙に大見出しが躍りました。「中高生半数　進学・就職で気づく　小学校での検査縮小で」（読売新聞）などなど。

しかし前述のとおり、報告書に少しでも目を通していれば、実際に雇用されなかった事例などほとんど見当たらないことは、一目瞭然だったはずなのです。記者クラブで発表された資料内容を鵜呑みにしてオウム返しの記事とする、いわゆる「発表ジャーナリズム」の典型例といわざるをえません。ちなみに朝日新聞は、会見の当日の朝刊に記事を掲載していました。眼科医会の事前リークに乗ったものなのでしょう。

しかも発表資料のなかには、「色誤認による作業ミス……が会社に損害を与えたり、時には人命にかかわることもあるでしょう」と欄外にあえて付記しているように、眼科医会の動機の本音は「本人の被害防止」などよりも、実はおなじみの「社会の危険防止」のための色覚検査制度の復古・護持＝逆コースそのものでした。これはむしろ戦前から一貫して唱えてきたもので、このとき初めて「本人の被害防止」というタテマエを、いわば口実として前面に押し出したにすぎないのです。

つまり「当事者の危険人物視」=「社会防衛」への執着と脅迫観念という、石原忍以来の連綿たるステレオタイプがコロモの下から露呈していたのでした。

翌一〇月の第八回検討会に向けて、眼科医会らの要望書が当局へ提出されています。その中で「説明文に添えて、色覚検査の申込書(別添)を配布し」とまで要望していたのです。つまり、色覚検査の希望を募る「申込書」の配布を「強く要望する」旨を本文で特記し、そのうえ申込書の「ヒナ型」まで添付していたのです。ちなみにそれは一〇年前の盛岡市などのヒナ型と瓜二つのものでしたし、機関誌『日本の眼科』でも推奨されていたものでした。付言すれば、ほぼ同じヒナ型が後述の当局通知文書内でも推奨されていきます。

さらに動きは政界にも広がりを見せていました。すでに二〇一三年四月の衆議院予算委員会分科会で、笠浩史議員が「色覚に関する質疑」を行い、学校色覚検査の復活の検討を下村博文大臣ほか文部科学省当局から引き出しているのですが、眼科医会の役員四名はその前月に笠議員と面談していたのです(眼科会ホームページ。ちなみに四名はいずれも「実態調査」の報告メンバー)。

その後数年にわたり両者の面談は続いた一方、並行して眼科医会の政治団体「日本眼科医連盟」より、前後して政治献金が重ねられたことが、数年間の「政治資金収支報告書」から窺われます(計一五〇万円)。これらは報告書に記載されていますので合法とはいえ、全国の子どもたちの色覚検査、学校保健の制度的なあり方を左右したとすれば、不透明かつ不当な舞台裏といえるのではないでしょうか。この顛末を見ても、眼科医会の叫ぶ制度的色覚検査の復活論が、眼科医会自身において科学的な所見のみで認識されていないことが浮き彫りとなってきます。

ちなみに二〇一五年三月には、「眼科医療に特化した議員連盟」が自由民主党の中に立ち上がっています（眼科医連盟リーフレット）。

✺文部科学省の追従

こうして二〇一三年一二月に最終的に示された文部科学省検討会の意見書には、降ってわいたかのような色覚検査に関して、慎重な言い回しながら「色覚検査の基本的事項について、積極的な周知を図ることも必要」と書き加えられるに至りました。文案執筆は事務局＝所管課でしょうし、ほぼ眼科医会の工作どおりに進んだといえます。ちなみに、文案を議論した会議のなかで座長自身が、「定期健康診断がどうあるべきかということを議論してきた中では、ちょっと流れとしては違うことを提案するということになる」のかと、率直に違和感をもらしてもいたのでした（第八回議事録）。

明くる二〇一四年三月の参議院予算委員会において、有村治子議員と下村博文文科大臣との間で質疑が交わされましたが、ほぼ眼科医会の主張に沿った仕上げの掛け合い劇でした（参議院会議録一三号）。

これらのお膳立て、「準備行為」のもとに一四年四月、座高測定や寄生虫検査の廃止を主眼とした「学校保健安全法施行規則改正」の文科省令が発布されたのですが、規則改正の解説として同日に発出された通例の担当局長通知の中で、そもそも規則改正の対象に入ってはいなかった色覚検査をも、異例のかたちで文末の「その他」欄に盛り込んだのでした。

Ⅳ　その他健康診断の実施に係る留意事項

2　色覚の検査について

（略）

児童生徒等が自身の色覚の特性を知らないまま卒業を迎え、就職に当たって初めて色覚による就業規制に直面するという実態の報告……もある。

このため、（略）平成一四年三月二九日付け一三文科ス第四八九号の趣旨を十分に踏まえ、①学校医による健康相談において、児童生徒や保護者の事前の同意を得て個別に検査、指導を行うなど、必要に応じ、適切な対応ができる体制を整えること。

（略）

特に、児童生徒等が自身の色覚の特性を知らないまま不利益を受けることのないよう、保健調査に色覚に関する項目を新たに追加するなど、より積極的に保護者等への周知を図る必要があること。

文科省推奨の色覚検査希望照会書面のヒナ型

【色覚検査申込書の例】

平成　年　月　日

保護者　各位

○○○○学校長　△△△△

色覚検査について

(略)

本人には自覚のない場合が多く、子どもが検査を受けるまで、保護者もそのことに気づいていない場合が少なくありません。治療方法はありませんが、授業を受けるにあたり、また職業・進路選択にあたり、自分自身の色の見え方を知っておくためにもこの検査は大切です。

本校では学校医と相談した結果、色覚異常の児童生徒に配慮した指導ができるよう、希望者を対象にした色覚検査を行うことにしました。検査結果は保護者にお知らせします。

以上をご理解いただき申込書にご記入のうえ、　月　日までに担任にご提出ください。

(略)

眼科医会の実態調査報告を根拠にあげた上で、「同意」をタテマエとした「色覚相談等」による検査の推奨など二〇〇二年の局長通知にあった問題のくだりを、ここでもあえて繰り返しながら、学校における色覚検査の「より積極的」な「保護者等への周知」を特記したのでした。これらは当然ながら前年末の検討会意見書の表記とほぼ同様のものです。

さらに加えて六月には、これも異例な対応とされますが、その「周知」徹底の決め手として、全国の教育委員会宛に当局の「事務連絡」により、くだんの申込書のヒナ型をも提示してその利用を通知、推奨したのです。わずかなアレンジはあるとしても二〇〇三年以来、眼科医会が一貫して提示してきたヒナ型と瓜二つであり、例の学校長名で保護者宛に個別に希望を照会するものでした。

ちなみに、学校現場の養護教諭らが実務的に参照する拠り所となっている日本学校保健会では、このヒナ型をはじめ文科省のあらたな通知の趣旨・内容を解説した書籍の刊行、関係情報のホームページへの掲載など、学校色覚検査復古の実務的な指南役となっています。

✵制度的な学校色覚検査の復活状況

以後このヒナ型に基づいて、全国の学校現場で校長名・保護者宛の検査申込書が配布され、「希望者」を対象に集団的な色覚検査が広がっています。本会で入手しえた範囲だけでも、北は北海道から南は九州までこうした対応が広がっており、中には学年の児童全員が「希望」し受検している学校も見られたのです。なお、集団的な検査となっているにもかかわらず「健康相談」の名を騙《かた》っている例も少なからずありました。

「あくまで同意・希望で」「ヒナ型はとくに強制していない」とタテマエをいくら強弁しても、無形の同調圧力も当然はたらく中で、実質的な強制ないし「同意の誘導」となっているのは到底否定できないでしょう。

その後の復活状況については、各地の会員や養護教諭の皆さんなどの情報をあおぎ、部分的とはいえ実像が垣間見えてきました。二〇一六年秋時点の集約ではまず、保護者宛のヒナ型を使用していたのは、県単位では神奈川県や滋賀県など四件、市区単位では金沢市や杉並区など九件で計一三件、うち健康診断ではなく健康相談のタテマエ・看板で実施しているのは札幌市や鹿児島市など四件。他方「保健だより」で周知・案内していたのは熊本市と国分寺市でした。

なお、ヒナ型を使っていた豊島区の例（二〇一五年度）でみると、区教育委員会が区内の小学四年から中学三年で実施させ、小学四年は区内全校で実施していたうえ、なんとA校では四年生全員が希望・受検していたのです。また、健康相談をタテマエ・看板としている佐賀市の例（二〇一六年度）でみると、ヒナ型も使い小学校の八〇％、中学校は六一％と不自然なほど高い実施率、つまり看板に偽りありで、実態は健康診断と変わるところがないことが浮き彫りとなりました。

ところで、当局が調査を回避しているなかで、自ら重大な関心をもつ眼科医会はやはり、全国の支部を通じて復活状況を集計しています。当然ながら色覚検査を再開した学校は急速に増え、三年の間にみごとに逆転していたのです。

その後も朝日新聞など全国紙での全面広告（二〇一五年六月一六日）など、眼科医会のヘイトスピーチは止まるところを知りません。中でも同年秋に全国の教育委員会や病院宛に、色覚当事者への人権侵害とも言える「色覚検査のすすめ！」とのタイトルの粗悪なポスターを配布しています。

学校における色覚検査制度の復活状況

	～14年度	15年度	16年度	17年度 （予測）
①ほとんどの 市町村で実施	**(2%)** 1	(13%) 6	**(60%)** 28	**(66%)** 31
②ある程度の 市町村で実施	(34%) 16	**(55%)** 26	(31%) 15	(23%) 11
③ほとんどの 市町村で実施せず	**(43%)** 20	(19%) 9	**(0%)** 0	**(0%)** 0
④把握していない	(21%) 10	(13%) 6	(9%) 4	(11%) 5

※日本眼科医会の47都道府県医会へのアンケート調査結果に基づいて作成

この一件はあらためて取り上げます（一二九ページ）。

本人の「自己決定」「希望」とか「自由な選択」といった美名と仮構のもとに、伝統的な集団主義的心性、無形の同調圧力をも利用しつつ、特定の方向へ巧妙に誘導するような「同意の工学」「見えざる手」が蔓延している今日、色覚検査制度の復古劇もまた近ごろ流行の一幕と言えるのではないでしょうか。

後年いくつかの市教育委員会へ本会として実態の調査を行いましたが、ここでは名古屋市の実態を紹介します（福山市については別途【補論】で、横浜市の取り組みも一例を後述します）。

二〇一九年夏に名古屋市教育委員会宛に照会した結果によると、検査の対象は二学年（なんと識字が懸念される小一!!　と中二）、例のヒナ型をベースとしつつ同意書の部分はカット。検査は学校医のクリニックで行うがタテマエですが、大半は校内で、小学校は八九％、中学校では七二％と高い実施率。しかも検査結果はなぜか記録に残さず把握していないとのこと。これではタテマエの学習上のサポートもできない、していないことになります。ほんとうに学校にとって何のために実施している検査なのか、そもそも本人・家族にとって有益な検査なのか、原点に立ち返った熟慮が求められる実例ではないでしょうか。

ともあれ「二〇一四年の変」は、マスコミをフェイクで篭絡《ろうらく》し、政治献金で族議員もどきに取り入り、それら外堀を埋めたうえで当局に異例の対応を強いた、眼科医会の周到な工作が稔った一幕でもありました。それは眼科医会の所見が単に前科学的なだけでなく、医の倫理面においてあえて手段を選ばない歪んだ体質を露呈させたものでもあったと言えるでしょう。

また、これらのプロセスを振り返るとき、眼科医会・文科省＋学校保健会・族議員の三位一体、あるいは世にいう業・官・政のトライアングル（鉄の三角形）の一端にこれを擬するのも、それほどうがった見立てではないのかもしれません。

【補論】二〇一四年文部科学省通知がもたらしていること――福山市の実例から

二〇〇二年の学校保健法施行規則の改正により定期健康診断の必須項目から色覚検査は削除され、実質的には学校で色覚検査はされなくなった。しかし、二〇一四年文部科学省は検査復活を求める日本眼科医会の要望に応えて、希望者への実施などをより積極的に保護者へ周知するようにとの通知を発出した。その後、全国的に色覚検査再開の動きが広がりを見せている。このことによって学校現場にどのような実態が生じているのかを注視していかなければならない。一例を上げたい。

本会広島県支部は、再開された二〇一六年当初より福山市教育委員会に検査後の実態調査の実施を求め、調査結果をもとにした話し合いを積み重ねてきた。以下はその経過と現状である。

取り組みのきっかけ

広島県では二〇一六年一月、県教育委員会主催の養護教員を集めて研修会があり、学校の健康診断について文部科学省、県教委の担当からの説明とともに、県眼科医会の宮田氏の講演があり色覚検査を受けるようアピールした。

その後福山市では、市内の公立小中学校に検査表を配布し、二〇一六年度二学期に希望をとり検査を実施する計画であるとの情報が伝わってきた。当事者の団体として本会との話し合いの場を持ってほしいと福山市教育委員会に申込み、その後何度かの話し合いをしてきた。

市教育委員会との話し合い

福山市教育委員会より、「市内の公立小中学校で全保護者を対象として二学期に色覚検査の希望をとる計画です。希望をとることにしたのは、文科省からの通知があったこと、そして検査廃止から十数年経って学校現場の教職員に色覚への認識がなくなった現状があり、再度廃止時の認識を再確認する目的があったからです」との説明がなされた。

私たちは、二〇〇三年に健康診断項目から削除された歴史とその理由を説明し、実施撤回を求めたが要求は受け入れられなかった。その際、実施後に実態の調査をしていくこと、そして調査結果をもとにした話し合いを継続していくこととした上で以下の指摘をした。

・色覚検査は遺伝子検査と同じ重みをもっている。その検査の性格を保護者がきちんと理解した上で、希望の有無を保護者が判断すべきであるが、今回の市の希望調査書はそのことがきちんと説明されていない。

・このような性格を持つ色覚検査は学校（養護教員）がやるべきではなく、検査希望者には眼科医が検査すべきである。

2020年		希望率	勧奨率	受診率	異常あり率	異常なし率
小4	男	44.8	7.1	61.8	52.4	47.6
	女	42.4	4.3	69.2	3.7	81.5
中1	男	18.7	6.5	54.2		
	女	17.6	2.2	42.9		

その後、市教育委員会は話し合いの内容を踏まえて希望調査書を作成し直し、提示がされた。その内容は「色覚について保護者に正しく理解してもらうために全体を通して、色覚異常であっても日常生活にはほとんど支障がないことを説明文中でたびたび強調した。また、検査の性格を保護者に理解してもらうために希望調査書のQ&A欄に次の項目文を追加した。『色覚異常は、多くが先天性であるため、検査は遺伝子検査の要素があります。したがって、本人だけでなく、血縁者の遺伝子が関係することでもあります。検査の持つこのような側面にも留意した上で、検査希望の有無を、各家庭でご検討ください』というものである。

私たちからは、「色覚異常と診断された子とその保護者への事後ケアーを学校としてきちんとやってほしい。その際、教職員は色覚問題の正しい知識をもって、対応できるよう研修を深めてほしい」と要望した。

二学期になり小中学校の全保護者を対象に色覚検査希望調査書が配布され、希望者には養護教員により色覚検査が実施された。そして、「色覚異常」の可能性がある生徒には、眼科医院への受診を勧め、受診した結果を学校に報告してもらうことになっていた。

そして、三学期には市教委は各校の実施状況調査を行い、その結果を集約した。私たちは、その結果をもとに三回目の市教委との話し合いをもった。

二〇一七年度以後は、希望対象を小学四年生、中学一年生とし同様な方式で実施されてきた。検査を学校として実施するからには、その結果を把握して問題が明らかになればそのことに取り組む必要性を指摘し、その後も毎年実態調査を実施され、話し合いの場を今日まで積み重ねて来ている。最新の二〇二〇年度の結果から見えてくる問題点を整理してみる。

検査実施調査集約から見えてくること

①希望率から

小四では四十数%、中一では二十%弱が検査希望し男女での違いはない。小学校では保護者による判断が優先するからであろう。医学上では女子の場合、色覚の特性を持つ割合は〇・二%と極わずかであり、誤診の可能性も高いと言われている。男女比に希望率の違いのないのは、これらヒトの色覚に関する基本的な事柄が保護者に知られていないことが考えられる。色覚の差異への偏見と就職時の差別的な現状など、その歴史と科学的知見に基づく現状認識を理解してもらうことが必要である。

②勧奨率・受診率から

検査希望者に対して学校で検査した結果、いわゆる「異常」の可能性ありとなった割合が勧奨率である。その勧奨者の内で、実際に眼科医院に受診した割合が受診率である。

医学的には「異常」とされる割合は男子が四・五％、女子が〇・二％とされている。調査結果は男女ともこの割合を大きく上回っている。特に女子は桁が違う。これは石原表の性格が影響していると思える。スクリーニング検査であるので、この差はあり得るものと許容されるのであろうか？検査後の学校からのきちんとした丁寧なケアーがなされないならば、多くの当事者・保護者は検査の結果を深刻に受け止め、いまだ解消されない世の色覚の差異への偏見と差別制度を考えた時、自分の色覚を劣るものと間違った認識をもたされ、将来を悲観し、自己規制を働かせ、家族間に亀裂を持ち込むという、かつての負の連鎖が再び生じているのではと憂慮する。とりわけ眼科医院に受診しない子どもにとっては、学校の結果が確定診断となり、その人の人生に大きな影響を与えることになる。

③異常なし率から

学校における検査で勧奨となり眼科医院を受診した児童の内で、検査の結果「異常なし」とされた割合が、異常なし率である。

小四男子の半数近く、女子では八〇％以上がこれに該当した（中一は該当者数が少なく割愛）。学校の検査結果が「誤診」であった割合が、これほどの高率である。石原表はこのような結果をもたらす検査であることを学校現場には認識してもらいたい。

実施者の養護教員の言葉に、『色覚異常の疑いがある』となった子が、眼科医院から異常なしと報告があり、ホッとした」というのがあった。当人、保護者も同様であっただろうが、「それでよかった」で終わってはならない。このような結果をもたらす検査を、学校に強いている現状に憤りをもつ。

「異常」という負のレッテルを貼られた当事者へのケアーはどのようになされているのであろうか？　一片の通知で終わりとする文部科学省の姿勢を問いたい。今、学校に必要なことは、子どもにとって不利益にならないようにと検査をすることではなく、真に不利益にならないように色覚の差異への偏見を解消していく努力をすることであり、現存する不合理な色覚差別制度の撤廃への取り組みをしていくことである。

3　旧慣の墨守――就職・資格制限

二〇〇一年の厚生労働省による画期的な規則改正により、職員採用現場での色覚検査の廃止は、各労働局の啓発などにより一定程度進んだはずですが、その実態は大規模な調査もなく具体的には明らかではありません。また、問題意識がもともと低く、漫然と色覚検査を継続する事業者は必ずしも少なくなく、いったん廃止した事業者でも採用担当者の異動で十分に引継ぎがされず、いつのまにか従前に戻ってしまった例もあると聞こえてきます。

とりわけ前述の眼科医会のキャンペーンによる、学校における制度的な色覚検査が大幅に復活したことで、事情をよくわからぬまま再開した事業者も出ていると伝わっています。ちなみに、後述する消防士の採用時の実態調査のなかで、色覚検査を実施していない消防本部は過半に及んでいますが、その理由として少数ながら「（二〇〇一年に）厚労省から通知があったから」「（二〇〇三年度から）学校での色覚検査がなくなったから」という回答もありました。

これらの就職上のバリア（欠格条項）とともに、一定の領域では就職の前提条件となる資格取得におけるバリアも少なくありません。主なバリアは次のとおりとされています（日本学校保健会『学校における色覚に関する資料』二〇一六年三月）。

◆色覚による制限が設けられている主な資格

※掲載中の情報は、二〇一六年三月現在のものです。

・航空機乗組員：（航空法施行規則）航空業務に支障を来すおそれのある色覚の異常がないこと
・航空大学校：航空業務に支障を来すおそれのある色覚の異常がないこと
・航空管制官：（航空交通管制職員試験規則）色覚が正常であること
・航空保安大学校学生：色覚が正常であること
・海技士（航海）：石原色覚検査表による検査で正常又はパネルD－15をパス
・海技士（機関・通信・電子通信）：右記又は特定船員色識別適正確認表を識別できること
・小型船舶操縦士：夜間において船舶の灯火の色が識別できること（夜間の識別が不可でも、昼間に航路標識の彩色を識別できれば、昼間の時間帯に限定された免許を受有することは可能）
・動力車操縦者（鉄道・軌道及び無軌条電車の運転士）：色覚が正常であること
・自衛官：色盲又は強度の色弱でないもの（ただし飛行要員は色覚正常なもの）
・防衛（医科）大学校学生：色盲又は強度の色弱でないもの

それら各種制限のなかで、色覚当事者がもっとも無念の涙をこらえたのは、おそらく鉄道運転士の規定でしょう。同じ交通運輸部門でも、鉄道は船舶や航空機とくらべて圧倒的に志望者が多いうえに、後者二つとくらべて制限が旧態のままだからです。

鉄道運転士の免許を取ろうとする際の身体上の制限要件（欠格条項）は、国（国土交通省）の「規則」に定められています（「動力車操縦士運転免許に関する省令」昭和三一年運輸省第四三号）。

その「身体検査」の条文では（第八条の二⇒別表二）、【検査基準】のひとつとして「色覚が正常であること」となっています。船舶や航空機では既に「業務に支障がない色覚」などと見直されているのに、鉄道はいまだに旧態依然のまま。

また、その【検査方法】としては、実質的に「石原表を正読するか否か」。しかも、その検査はなんと（免許を付与する国の機関における検査とかではなく）街中のクリニックの診断書を基本としてきたのでした（通達「国土交通省省令の事務取扱について」昭和四一年鉄運第一〇九号）。

本会の要請行動を受けて国土交通省鉄道局は二〇一八年九月、色覚を含めた身体要件全体にわたり調査検討を図る委員会を設置しました（委員長：松原正男・元東京女子医大教授、事務局：日本鉄道運転協会）。その後いつまとめあげるのか不明のまま月日が流れました。

色覚その他の身体検査の一部に関する報告がまとまったことが確認できたのは、ようやく二〇二一年九月のこと。二〇二〇年度に出された報告書には、検査・判定の運用指針たる「マニュアル（仮称、試作案）」が盛り込まれているのですが、それらのうち色覚部分の内容に目を通すと、ごく一部に見直しは見られるものの、根幹をなす部分は旧態依然のものでした。簡単にマニュアルの要点を拾うと次のとおりです。

A【身体検査基準】:「色覚が正常であること」。つまり法的には従来のまま。なお、申し訳のように「『動力車の操縦に支障を及ぼすと認められる色覚の異常がないこと』と同意である」との脚注が付けられています。

B【検査方法】:次の二段階

(1)「仮性同色表によるスクリーニング検査」:石原色覚検査表Ⅱ(国際版三八表)による。四誤答までを正常範囲とする。それ以上は「異常の疑い」として次の(2)へ。

(2)「眼科医による精密検査」:パネルD‐15やアノマロスコープ等による。パネルD‐15でパスの場合は正常とする。

しかも驚いたことに、マニュアルに付けられている「附録」では、この二段階方式は、石原表のみの一段階で判定をスルーできる、実質的には骨抜きのフロー図が掲げられているのです。折衝席上の担当官の弁解を聞くかぎり、従来のフロー図の補正を漏らしたケアレスミスと思われますが、「無謬」の彼らはいかなる場合も撤回や修正を拒絶するのでした。

総じて本マニュアル(仮称、試作案)の見直しレベルは、はなはだ不十分なものにとどまっています。具体的には、

Ａ【身体検査基準】については、かねて要望していた「業務に支障がない」に改定せず、脚注にアリバイのように付けているのみ。つまりは省令本体では何ら変えないもので、これは藤井局長（当時）が面談時に約した改訂が反故にされています。

Ｂ【検査方法】については、石原表のほかに別の眼科的色覚検査を追加するだけで、これもかねて要望してきた、最も確実で有効な「現場の実物による判定」は否定されています。

以上はおしなべて、鉄道事業者の管理職や産業医、医大の（元）教授のみで委員が構成された当該委員会の限界・弊害なのでしょう。

国土交通省鉄道局は結局、委員会報告書をそのまま関係部署のほか（免許付与にはもとよりあたらない）民間事業者にまで配布したのでした。私たち当事者・国民にはバリアが高い一方で、産官の垣根は至って低いことが垣間見えたエピソードでしょう。

本件の足掛け四年におよぶ当局との折衝の経緯については、第４章であらためてご紹介する次第です。

（本章でふれた経緯については、資料篇「色覚検査制度転変の軌跡15年」〔一六三ページ〕を参照ください。）

日本色覚差別撤廃の会のリーフレット表紙

第4章

私たちの取り組み

――社会的な色覚バリア・障壁に抗して

前章で辿ったような制度的な転変と向き合いながら、日本色覚差別撤廃の会も当事者団体として時機をとらえ、さまざまな取り組みを模索してきました。

1　制度面の取り組み

制度面・物理面・意識面の三つの社会的バリア・障壁のうち、制度面は、私たち日本色覚差別撤廃の会がもっとも重視して取り組んできた領域といえます。たとえば、学校色覚検査が制度的に廃止された翌二〇〇四年度の取り組みを振り返っても、文部科学省に出向き、異動のあった担当専門官と恒例の意見交換を行って、色覚検査の制度廃止の徹底を要望（七月）、また警察庁や防衛庁（当時）、ＪＲなどに就職や資格取得上の色覚制限の撤廃や見直しを要望しています（一二月）。このように多様な行動を続けてきましたが、この間の代表的な取り組みを紹介していきます。

✵学校検査の撤廃へ——文部科学省、教育委員会

すでに述べてきたように、学校健康診断制度のなかで色覚検査は二〇〇三年度より廃止されたわけですが、その制度的復活をもくろむ動きがにわかに浮上したのは二〇一三年九月、眼科医会の歪

曲された発表内容をそのまま記事にした、新聞各紙の報道でした。

寝耳に水のなかで本会の当時の会長がすぐに朝日新聞の「声」欄に投稿（翌週に掲載）したほか、朝日新聞の記事を執筆した科学部の記者と面談、予断と偏見に気づくように促しました。その結果、フォロー記事が掲載されましたが、残念ながら十分な訂正とはなっていませんでした。目のウロコはやはり容易には落ちないようです。

これらに前後して、文部科学省の検討会を舞台にプレゼンや要望書など眼科医会の介入がすすめられました。本会としては眼科医会の動きに危機感を強め、二〇〇二年改正規則の堅持と、スポーツ・青少年局長通知の修正・削除をもとめるスポーツ・青少年局長宛の要望書をとりまとめ、会長以下の役員が一〇月末に担当専門官と面談しました。結局、眼科医会の意向をくんだ報告書が年末にまとめられました。

報告書の記述を確認したうえ、時すでに遅しの感は否めないものの、二〇一四年一月に念押しの要望書をスポーツ・青少年局長宛に送付しましたが、業・官・政の手締めがされていたのでしょう、立ち止まり再検討されることはありませんでした。

その後、茶番の国会質疑をフィナーレに、二〇一四年四月に異形の局長通知、六月にはこれまた異例の事務連絡がスポーツ・青少年局学校健康教育課から全国の教育委員会ほかに発せられたわけです。

しかし私たち当事者団体としては到底この暴挙を見過ごすわけにはいきません。関係団体との連携や当局への要請などを引き続きすすめました。まず学校現場で健康診断業務に関わる養護教諭の皆さんに向けて、問題の共有と連帯をあらためて呼びかけるメッセージを二〇一四年一一月に送付。二〇一六年三月に本人、保護者に対する「同意の誘導」へブレーキをという見解を柱とした「声明」を、また二〇一七年一一月には制度的色覚検査に代わるプログラムを提起した「宣言」(序章参照)をとりまとめ、公表しました。なお、日教組養護教員部はかねてより本問題に深い関心を示し、啓発小冊子や調査報告書を作成・配布してきました。

他方、この問題に深い理解をいただいた神本美恵子参議院議員(当時)は二〇一六年一一月、参議院文教科学委員会で眼科的な制度的色覚検査の実質的復活を質して、その廃止徹底を松野博一文部科学大臣に迫りました。これに引き続き所管課と折衝を重ねたうえ、霞が関の「無謬性の神話」に一定ソンタクを加えて二〇一八年一月、問題の局長通知と事務連絡の全面撤回ではなく、実質的な修正(学校医の健康相談に限定したうえで、色覚に関する周知等は、保護者宛の希望照会はとりやめて「保健だより」のみとする)を施した新たな「局長通知案」を提起しました。

✺横浜市のケース

いくつかの市の教育委員会に本会として照会、折衝をすすめましたが、横浜市の例を紹介します。

横浜では眼科医会学校保健部の重鎮で二〇一三年八月の文部科学省検討会でプレゼンした宇津見眼科医のお膝下のせいでしょうか、廃止の施行からわずか三年後の二〇〇六年度から制度的な色覚検査を復活しています。そこでまず二〇一九年末に実態をアンケートで照会、二〇二〇年一月に回答が届きましたが、肝心な実施状況などが不明だったため、二月に所管課と面談しました。その際の応答によれば、文部科学省推奨のヒナ型で保護者宛の照会文書を送っており、あくまで「健康相・談」として実施しているため結果を集計・把握していないとのこと。とはいえ提供された「ほけんだより」を見ると、なんと健康診・断の日程表のなかに色覚検査の欄があります。健康相・談の看板は単なるタテマエ、結局はフェイクであることが浮き彫りになったのです。

それらの問題点の見直しを二〇二〇年三月に所管部長宛に要請書を送付したところ、見直しに取り組む旨の回答が四月に届きました。ただヒナ型の使用や文面などは市学校医会など関係機関との調整が必要とし、折しもコロナ禍が続いたため結論は一年後の二〇二一年三月にまで延びることとなりました。そこでは、保護者宛ヒナ型文書の表題を「色覚に関する健康相・談のお知らせ」へ、申込書欄名を「健康相・談申込書」へと変更するものの、選択項目としては「相談・検・査を希望します」と「検査」の表記を残しただけでなく、相談結果を待たず色覚検査の申込を事前にセットで照会しており、実質的な改善度はかなり限定的です。そもそも学年の全保護者宛のヒナ型配布は廃止し、せいぜい既存の「保健調査」や「保健だより」内での記載にとどめる、という要請には結局まったく応えるものではありませんでした。学校医の一角を占める眼科校医の頑迷固陋な抵抗が目に浮かびます。

✺プロパガンダに乗った報道への対応

眼科医会の低劣なプロパガンダに乗った報道も出てきます。二〇一七年三月末に放映のTBSテレビ「NEWS23」でした。二〇〇三年度より学校色覚検査がほとんどなくなり、就職時にトラブルが増えているとの主旨の番組でした。鉄道企業への就職で色覚制限により辞退し、別の希望の不動産企業へ変えた大学生の姿が追われ、「もっと早く知りたかった」と話します。まるで眼科医会の受け売りそのもので、コメント役の「専門家」も眼科医会のいわばスポークス・ウーマン中村かおる眼科医です。

この番組が企画・制作されるまでの具体的な舞台裏は知る由もないですが、大方の察しはつこうというものです。翌月すぐにTBS宛、学校という子どもたちの世界に検査を制度的に復活させて「正常」「異常」と選別することではなく、一人ひとりの違いが尊重され誰もが生きやすい社会にしていくことこそ、今もとめられているのではないかとの照会文を送付しました。

番組を担当した記者とはその後、本会の役員会などでの意見交換をもち、記者本人も色覚当事者で不当な就職差別は問題であるなど、本会の見解に理解を示すところもありましたが、「希望者は学校で早期に検査」という思い込みからは離れられませんでした。

それは取材も受け、意見交換をかなり重ねたうえで二〇一七年一二月、今度は「報道特集」のなかで放映された報道内容でも、ついぞ払拭されていないことで明らかとなりました。

ただ、放映後に放送局に届いたコメント七〇のうちで、色覚の差別や検査に関するものとしては、学校で早く検査して早く気付くべきは五件で、検査のやり方やとらえ方の再考を（一〇件）、学校検査には反対、個別に知らせるか個人で（一〇件）と、あの番組内容でも学校色覚検査推進論がこれほど少なかったのは、実に意外で驚きでした。番組の視聴層の傾向なのでしょうか。

✺草の根の取り組み

他方で、二〇一七年九月に日本教職員組合養護教員部・保健研究委員会（東京）へ、一一月には全国人権教育研究協議会の全国研究大会（大阪）へ、また二〇一九年三月には全国大学人権教育交流会（大阪）へ会長が招かれ、それぞれこの問題をメインテーマにプレゼンに臨みました。

ちなみに日本教職員組合養護教員部は色覚問題のパンフレットをこれまで二冊刊行し、全国人権教育研究協議会は各年度の「研究課題」の中で継続的に色覚問題を提示し会報誌で啓発してきたほか、国（文部科学省、厚生労働省）への要請行動を続けています。

また、二〇一八年六月の本会第二五回総会では記念フォーラムを併催、問題のありかの共有をめざしました。報道関係の取材にも積極的に応じ、東京新聞の特報面ではかなり詳細に報じられました（二〇一七年二月一二日ほか）。

しかしながら文部科学省当局は、修正を検討する気配すらみじんも示すことはなかったのです。

✺就職差別の撤廃へ――鉄道員の例

鉄道の仕事に就きたいという志望者は今も数多いようですが、色覚の理不尽なバリアが立ちはだかっています。

そこで会としてまず、鉄道事業者（ＪＲ東、東京メトロ）や業界団体（民鉄協）と面談をすすめました（二〇一七年一二月～二〇一八年二月）。ほとんどのスタッフは色覚の基礎知識がひどく浅いのに驚かされましたが、対話を重ねるなかで賛同の意向を示すようになりました。しかし「大本の法令の規定が変わらないと」とこもごも釈明します。

なお不可思議なことに、鉄道事業者はおしなべて（運転以外の車掌、駅のホームや改札での業務、各種事務部門も含め）採用する従業員すべてに同じ制限を課しています。「志願者の多くは運転を希望しており、異動を重ねて運転業務に配属しているから」という理屈なのです。運転は必ずしも志望していない者もいるとすれば、一緒くたにするのは手抜きでは、と当然ながら申し入れました。

すでに紹介したとおり、鉄道運転士の免許取得における身体上の制限要件（欠格条項）は、国

（国土交通省）の規則に定められた「身体検査」の条文上、【身体検査基準】のひとつとして「色覚が正常であること」、その【検査方法】としては実質的に「石原表を正読するか否か」となっています。

船舶や航空機にすらない、こうした不合理な制度上の問題点を提起し、当局に改正を求めるため、国会議員（大西健介代議士）の仲立ちにより二〇一八年四月、鉄道局長ほかの当局者と面談しました。そこでは、前提として①職場内の色覚バリアの改善、次いで②【身体検査基準】を「実際の運転業務の上で支障のないこと」へ、最後に③【検査方法】として「眼科的色覚検査の廃止・現場の実物による判定」を要請しました。その際に鉄道局長は②につき「たしかに今の規定（「正常」）は時代遅れなので、これは変えます」と即答したのでした。また同月、担当課長名の回答が届きましたが、肝心の③については面談時と同様に、今後「専門家の知見を聞いて」との見解でかわしてきました。

その後当局は二〇一八年九月、色覚を含めた身体要件全体にわたり調査検討を図る委員会を設置しましたが、かねてより本会が要請していた当事者団体へのヒアリング調査は、その一年余り後の翌二〇一九年一二月にようやく実現、あらためて要請の趣旨・理由を事務局へ提起しました。当局担当者から「色覚は最初に取り組みます」と伝え聞いていましたので、その後も毎年一回程度、作業の進捗を照会してきました。

二〇二一年九月に報告がまとまったことをコロナ禍のなかで確認、その二〇二〇年度の報告書には検査・判定の運用指針たる「マニュアル（仮称、試作案）」も盛り込まれていましたが、そこでの見直しレベルは既にふれたとおり、本会の要望内容とくらべるとはなはだ不十分なものにとどまっていました。そこで一二月に鉄道局と修正の折衝を行いましたが、用意したメモを読み上げるなどヌカにクギといったところでした。当日手渡した要請書への回答も、なんと「朗読」の内容とほとんど同一の文面が繰り返されていました。所管局長以下、担当官が異動で替われば、当時の改善の約束が平然と反故にされ、常識的な行政の継続性が損なわれている一方で、既存の規則など従来からの前例については、手間のかからない踏襲に固執するカルチャーはいまだに霞が関では健在のようです。

2　物理面の取り組み

✺誰でも見分けられるカラーユニバーサルデザイン（CUD）へ

児童・生徒が目にする事物において色覚のうえでバリアとなっていたものは、教科書や地図の色刷り、黒板のチョークの色など数多いところですが、以前とくらべると学校現場での配慮がすすんでいます。本会ではかつては教科書出版社からの依頼をうけて、会員が見分けやすさのチェックを行っていました。また、日本学校保健会が発行する教職員向けの啓発チラシの掲載内容について、作成担当の眼科医らと意見交換を行ったりもしました。ただ、色のユニバーサルデザインを使命とするNPO法人・CUDOが発足して、事業として取り組みはじめてからは、個別の案件についてはゆだねることとなりました。

とはいえ本会活動の柱の一つであることは変わっていません。制度面・意識面とあわせて三位一体の位置づけのもとに、さまざまな要請書とか宣言文のなかでは随所に物理面のバリアフリーの訴えを盛り込んできました。

一例をあげれば、鉄道運転士の資格制限に関する要請書のなかで、次のような記述を展開していました。なぜなら、一部の色覚当事者にとって現状の信号灯などが見分けにくい場合があるとしても、それらの配色、形態などの工夫改善がすすめば、おのずと当事者の識別度はかなり向上するはずだからです。

動力車操縦士身体検査マニュアル（仮称・試作案）に関する要請

（略）

3．誰でも見分けられるカラーユニバーサルデザイン（CUD）の信号へ計画的に補修をすすめること

「業務現場の実物によって真の色彩識別度を判定」したとしても、合格しない当事者が一部生まれると推定しますが、これ自体は不合理な理由による差別的な取扱いとまでは言えず、運行の安全性も考慮すれば受忍せざるをえないものです。

しかし、この合否のラインは信号における色彩その他の表示の環境レベルにより変動し、そのあり方といわば相関関係にあります。つまりカラーユニバーサルデザイン（CUD）のコンセプトに基づく合理的配慮により、右記の識別が必要不可欠な実物について、誰もが容易に識別できる信号へと設備を適切に補修していけば、結果として不合格者はほとんど消失する道理でしょう。

本件の根本的な解決方途としては、旧来のいわゆる医学・個人モデルに基づく選別排除・自己責任に固執するのではなく、環境・社会モデルに基づいて、色覚の当事者をはじめ誰もが容易に信号を識別できる設備上の環境整備を、計画的・着実に推進されたい。

3　意識面の取り組み

✵農林水産省と消防庁——意識の落差

採用時に法令上の制限のない大半の官公庁は人事院規則等にそって、色覚検査ないし診断書をもとめていませんが、警察官や自衛官など合理的な根拠も判定方法も不明なかたちで、独自に採用上の色覚要件を設けているところが散見されます。ここでは本会が実際にやりとりを交わした農林水産省と総務省消防庁の状況を紹介します。

医師でもある会員が二〇一八年の暮に、とある動物検疫所の職員採用上の健康診断書を目にする機会がありました。ところが規程に定められた所定の様式にはなんと色覚欄があったのです。

そこでさっそく二〇一八年一二月末、色覚欄のある根拠、採用選考に反映されるのかなどをたずねる照会文を農林水産大臣あてに送付したところ、意外なほどに迅速・的確な対処がとられました。翌二〇一九年一月下旬に届いた回答文によれば、当該様式の色覚欄に根拠はなく二一日付で削除、省内に周知した由。曰く、すぐに経緯の確認作業をすすめたところ、国家公務員採用時の健康診断については人事院規則10－4（職員の保健及び安全保障）に規定されており、かつては色覚検査の項目がありましたが、この人事院規則は二〇〇一年に厚生労働省の規則改正と歩調をあわせて改正され、色覚検査の項目が削除されていました。この点は当時速やかに省内に周知されたそうですが、省の規程に定める当該様式はケアレスミスからか、なぜか削除されないまま今日に至っていたということです。また「色覚欄の記載内容によって採用内定を取り消すことはありませんでした」とも明言。これが以前から一貫した事実であれば、当事者に無用の心痛を与えてきたとはいえ、就職では不条理な実害はなかったわけです。

ともあれ自らのミスを率直に認め、このような適切で誠意ある対処を迅速にすすめられた農水当局には心から敬意を表するところです。おそらく同様のミスや怠慢から同様の様式が残存、さらにはその結果により色覚で採用を排除してきた官庁もあると推察されるなかで、本件は一つの省における一つの事案ではありますが、現下の状況のなかで貴重な事例と言えるのではないでしょうか。

にわかに発足したカラーユニバーサルデザイン推進ネットワーク（議員や学生などのグループ、以下、カラーネット）は二〇一七年秋、全国の五三二消防本部に色覚検査の実態調査を実施しました。その結果によると、①「色覚検査を実施していない」は二一五、②「実施しているが採用に影響しない」が五五、あわせて二七〇本部で、③「実施して採用に影響する」の二六一本部を超えていました。つまり、過半数はこれまで色覚当事者も区別なく採用してきましたが、特段の支障なく業務をこなしてきた事実を示すものです。これは現実に色覚当事者を採用しても、何ら問題がないことを実証しているわけです。

また、③の理由にとしては、「自動車運転免許が必要だから」が一四四、次に「赤・青・黄色の識別が必要だから」が七六と続いていました（計二二〇本部）。いずれも大半の当事者には苦もないことだという事実について、採用現場では予断が勝ってか、ほとんど理解されていないことが浮き彫りとなりました。

消防士にはもともと、法令上の制限規定はありません。にもかかわらず今に至るも色覚検査を続けているのは、無知か偏見、そして旧慣を前例踏襲する職場風土によるものでしょう。以上のような問題点について二〇一八年六月、本会として「消防職員採用時の色覚検査に関する声明」を提起しました。

一方、調査結果から浮かびあがった不揃いの現状に対するカラーネットの批判や国会質疑などに対処して、総務省消防庁は新たな指針の策定をすすめていくこととなりました。これは一つ間違えれば藪へビに、すなわち新しい統一的な色覚検査の実施基準になりかねないとの懸念が生じましたが、カラーネットとしての動きはありませんでした。ほどなく全国の消防本部に向けた通知文をとりまとめました（九月）。「技術的助言」と称する通知文の要点は、消防庁の全国調査でも「色覚による支障があったと考える」との回答数はわずかに一・一％の八本部だったにもかかわらず、あえて「現場では色覚が重要な判断要素となる場合もある」と記載し、「色覚検査の実施の必要性は各消防本部で検討する」と責任を逃れつつ、眼科的色覚検査（石原表、パネルD－15）は「広く用いられている」と紹介していました。つまり両構えの慎重な言い回しながら、結果として色覚の検査を奨励していると受け取られる通知となっていたのでした。先の懸念がやはり杞憂ではなかったわけです。

この問題通知に対して見直しをもとめる要請書をとりまとめ、本会の要望をうけた大西健介代議士の仲介により、消防救急課長らと意見交換の場がもたれました（一〇月一五日）。要請書の趣旨内容は基本的に否定できず理解を示す様子もありましたが、今後の各地での説明会の場で補足したいという口上までで、すでに発出した通知の撤回ないし修正にはもとより応じることはありませんでした。

先の農林水産省の対応との違いは際立っています。この落差はたまさか対応した担当官のセンスの相違なのか否か判然とはしませんが、他の省庁との様々な折衝の経験からみると、残念ながら内容に拘わらず当事者・国民に向き合おうとしない部局が大半と言えそうです。

その後、全国的な調査は消防庁で行われていないようなので実態は不明ですが、欠格条項もエビデンスもないなかで、色覚検査を新たに導入する消防本部が増えていないことを祈る次第です。

✺ＪＲ北海道バスの懈怠《けだい》

後味の悪い顛末の事件でした。弟のＡさんがＪＲ北海道バスに採用を拒まれたとのメールが二〇一九年一〇月、姉のＢさんから入りました。

札幌在住、民営バス会社で運転手をしていたＡさんは、元の同僚に誘われＪＲ北海道バスに転職を希望し採用試験を受けました。本人は大型特殊と二種免許をもっていて、これまで支障なく運転業務に従事してきたのです。ところが、二次試験の健康診断で色覚が指摘され、指示された「ＪＲ札幌病院」で再検査を受けました。後日ＪＲ北海道バスから不採用の電話が入り、「運転技術や健康状態はすべて合格基準に達しているが、色覚のみ達しておらず不採用となった」と言われています（この際に会社の産業医に確認をとっていたらしい）。前の会社では色覚制限などなく、つつがなく業務を行っていたのに、なぜ不採用になるのか疑問と怒りを感じたとの由。なお本件では、当該産業医は「ＪＲ札幌病院」の所属なので、鉄道従業員との分別ができていなかった可能性が高そうです。

産業医の資格は、座学を五〇単位（時間）聴講すれば無試験で全員に資格が与えられます。色覚はおろか眼科の講義はまったくないそうです。産業医の使命は入社後の社員の健康管理、作業環境管理で、社員の採用に関与するのは産業医の職務ではない、と資格保有者の医師は批判しています。

本件は法令の根拠（欠格条項）もなく、採用時の色覚検査を廃止した法令（厚生労働省規則、二〇〇一年）に背馳したもので、「公正選考」の原則に反し、取り消しを求めるに値する、と本会役員会で共有しました。今後はＡさん本人（＋姉）が監督官庁（北海道労働局）に相談することが適当なので、了解のうえ本会役員が接点のある東京労働局を通じて北海道労働局の担当者Ｃさんへお願いしたところ、一一月初めに面談でき、早速ＣさんがＪＲ北海道バスと対応を始めました。

年明け二〇二〇年の一月早々、朗報が届きました。指導された北海道労働局のＣさんによると、不採用とした理由はＪＲ北海道から分社した際に同社の採用基準をそのままシフトし、バスとは関係のない項目も残ってしまっていたとのこと。窓口となったＪＲ北海道バスの担当者Ｄさんは、「採用基準を変えていくので試験を再度受けてほしい」とも語ったそうです、と感謝のメールが入ったのです。

分社の際にバス会社と産業医が無知と懈怠から、鉄道運転士向けの制限を踏襲していたという、実にずさんな実態が明らかとなったのでした。しかし本会としては、当局の問いかけがあったとはいえ、自ら非を素直に認めたのは画期的なできごとと高く評価したうえで、勇気を出して声を上げたことが最大の功績でしたとAさんを称え、このまま採用まですすむことを願う旨を伝えました。

ところが、事態は暗転します。二月はじめに再度試験を受けるべく関係書類を提出したところ、書類選考で不合格の通知が届いた由。前回は書類選考など問題なく二次試験の健康診断まで行ったのにです。北海道労働局から問い合わせたところ、「現在まだ色覚制限を削除していない」とのこと。引き続き「いつ廃止する予定なのか」など確認を迫ることとしましたが、Aさん本人は一転して書類で門前払いされたショックが大きかったのか、その後は試験を受ける意欲を失ってしまいました。ＪＲ北海道バスの度重なるお粗末な対応で、一人の有資格者が夢を捨ててしまう顛末となりました。遺憾にたえません。

ところで、かつては大半の事業者が採用時の応募用紙（社用紙）に、色覚も含めプライバシーにわたる項目の記入をさせていました。教職員による全国同和教育研究協議会（当時、現在は全国人権教育研究協議会に改称）はこの問題にかねてより取り組みをすすめ、一九七三年に労働省・文部省（ともに当時）が全国統一の応募用紙を使用するように通達、一九九六年には本籍地欄や家族欄などとともに色覚欄が削除されました。二〇〇一年の労働安全衛生規則改正の伏流の一つとして、これらの取り組みがあったのでした。同協議会は現在に至るも、厚生労働省と文部科学省当局と色覚問題もあわせて毎年折衝を行っています。当事者団体として敬意を表する次第です。

✺眼科医会のヘイトポスター

全国の病院と教育委員会宛に二〇一六年秋、突然ひとつのポスターが送り付けられました。眼科医会が企画・作製したもので、上部に「色覚検査のすすめ！」と大書されていました（別掲）。中ほどはパイロットやカメラマンなどと思しき人物五人のイラスト、眼科医会の常套句が吹き出しとして配され、色覚検査を受けないとあたかもこれらの職業に就けないかのような印象を与えるもの。さらに下部には「色覚の異常の程度による業務への支障の目安」とのタイトルによる職業の一覧表が。目を通してみると例えば「2色覚には難しいと思われる業務」の欄にはパイロットやカメラマン、警察官、獣医師（医師はない！）など一六の職業が並べられるなど、人権にふれる時代錯誤の不当な偏見と差別を助長する記述が公然と披瀝されていたのでした。ちなみに、この表の下には「中村かおる　先天色覚異常の進路の問題点……」と出典の注釈だけが付されていました。

そこで当該の論説に役員で早速目を通してみると、なんと一覧表について「やや独断的ではあるが」と自ら釈明していたのでした。そのため一一月にまず、中村氏に論拠をたずねる公開質問状を会長名で送付したところ、「自分の論説を読んでもらえば真意が理解できるだろう」という論旨の横柄な返信が翌月になって届きました。つとに読み込んでいた当方はただちにその旨を伝えつつ、論拠の回答をあらためてもとめましたが、答えに窮したのか今度は返信がありませんでした。また前後して同じ一二月に、ポスターを作製した眼科医会宛に同旨の抗議・要求書を送付しましたが、想定どおり頬かぶりしてきました。なお、以上の送付文も本会のホームページに遅滞なく掲載、公表・周知してきたところです。

以後しばらく膠着状態が続くなかで、法的な対応ができないかと考え、弁護士でもある会員に相談。いまだに病棟の待合コーナーにポスターを貼っており、問題の一覧表の作成者・中村氏が所属（週に半日の病院勤務）する東京女子医科大学の理事長宛に二〇一八年一月、ポスターの撤去をもとめる内容証明付きの要望書を送付しました。二月にようやく返信が届きましたが、慇懃《いんぎん》に回答を回避した代物でした。同年八月、ポスター制作者の眼科医会へも内容証明付きでポスターの撤回と謝罪を再度申し入れましたが、かねてよりの予断と偏見を繰り返して居直るばかりでした。

そもそも転載された一表は執筆者（中村かおる眼科医）自身が「やや独断的ではあるが」と文中で釈明すらしていた代物でしたが、それを眼科医会の作製担当者がためらいもなく全国にばらまいたとすれば、中央部のイラストや吹き出しの台詞のみならず、関係者の見識のレベルや煩悩の深さに暗然とせざるをえません。

ポスター「色覚検査のすすめ！」

✹滋賀医科大学のヘイトページ

二〇二〇年八月初めにある会員からメールが届きました。その内容は、息子さんが色覚当事者で、彼の大学受験時に志望していた薬学部について母親としてネットで調べていると、滋賀医科大学病院の色覚外来のホームページが目にとまり、息子さんの進路についてたいへん悩まれたとのこと。結果としてはそのことに惑わされることなく他大学の薬学部に進学し、現在二年生在学中でなんら支障なく勉学に取り組んでいるものの、「てっぱいの会」としても検討してほしいというものでした。滋賀医大の付属病院には全国的にも数少ない色覚外来があり、国立大学病院という立場からその影響力はたいへん大きいものと思われます。

ホームページには色覚当事者が考えるべき「職業適性の考え方」等のページがあり、次のような記述が羅列されていました。その内容・論調は予断と偏見にとらわれていた、古色蒼然たる社会の通念を彷彿とさせるものでした。

▼医師や薬剤師の仕事のうちある種の分野では、色に対する判断の誤りが人命にかかわる場合があり、不利であることには違いなく慎重でありたい。

▼画家、染色、塗装、繊維、色材料の仕事、建築家、種々のデザイナーなどは……勧められる選択ではない。

▼小学校や幼稚園の先生は、色に関連した知識を教え、教材として色で塗り分けたり表現するので、強度の「色覚異常」は不適当と考えるべきでしょう。

大正年間に登場した石原表の「通俗色盲解説」の記述など選ぶところのないもので、「知見の蓄積」により今世紀初頭に改正された労働安全衛生規則（厚生労働省）の趣旨・内容にもおそらく無知の者、あるいはそれを知ってなお、自らの偏見をただせない者の記述と思われます。

そこでまず会員からメール文をそのまま大学宛に送ってもらったうえで、記載された職業ごとの科学的根拠などを問う質問状をとりまとめ、同八月内に大学宛に送付しました。その後の督促状にも一切応答がないところから、大学側は現状のまま放置・堅持するとの意思表示と判断したうえで、同年一〇月に学長宛に見解書を送付しました。

そこではまず基本的視点として三点、「色覚の差異に対するエビデンスなき時代錯誤の予断と偏見から解き放たれること」「眼科的色覚検査では当事者の現実の色判別力や職業現場の業務遂行能力は判定できないこと」「人として差別されない人権尊重」を示しました。そのうえでホームページ内の各記述項目、（１）異常の程度と職業適性、（２）大学入学時の制限、（３）国家試験・資格試験について、具体的に問題の所在を指摘していきました。以上をふまえ早急に記述を点検し、見直しを図られることを求めたところです。

想定どおり頬かぶりのままでしたので、一一月に入り文教行政に明るい水岡俊一参議院議員に相談、当局への照会などをすすめてもらえました。その後すぐには動きが見えませんでしたが、年度末までに当該ページが全面刷新されていたことを確認できました。

国会議員や当局の働きかけがなければテコでも動こうとしない大学の体質には、いまさらながら失望を禁じえませんが、結果として事態の改善が実現したことは幸いでした。

✺生物教科書の因習

役員のひとりがふと、高校「生物I」の教科書における色覚の記載を調べました。二〇〇八年の夏から秋にかけて八社一三冊を確認したところ、なんとすべてでヒトの「色覚異常」が記載されていました。いずれも「伴性遺伝」の項目内で、本文中が一〇冊、注記が三冊。うち五冊では家系図も掲げられていたのです。なぜ「伴性遺伝」の説明であえてヒトの「色覚異常」を引き合いにだすのか不明なうえ、本文でさえ記述は短いうえに雑ぱくで、これでは色覚の相違にたいする偏見・差別をむしろ助長しねないと危惧されたため、一〇月に各出版社へ質問状を送りました。

かいつまんで紹介すれば、ヒトの「色覚異常」について、1.いつから記載し、2.記載の根拠はあるのか、3.記載を変更・削除する意向はないのか等をたずねていました。結果は、1は、一九五一年から（大日本図書）がもっとも古く、最近では一九九三年から（教研出版）とかなりバリエーション！　が見られ、2は、根拠と言えるものはなく、3は、四社が次期の学習指導要領（と解説）を見て、といった回答がひとまず各社より届きました。

これをうけて各社へ面談を申し入れたところ、その前に先方よりオファーのあった東京書籍社をはじめ、翌二〇〇九年初めにかけて計六社と意見を交わしました。そこでも文部科学省の指導要領がネックとの釈明が続きましたが、当時の学習指導要領では「（1）生物の連続性　ウ　遺伝　（イ）遺伝子と染色体」が掲げられ、同解説で（イ）について「伴性遺伝について触れる」と一言記述されているのみ。

この記述を理由に長年の慣行からなのでしょう、伴性遺伝の例としてショウジョウバエなど生物の例で説明したうえで、なぜかヒトの「色覚異常」をもれなく書き添えてきたのでした。執筆してきた生物の学者研究者らの偏見や前例踏襲の対応が生んだ事態と考えられましたが、話は平行線のままとなりました。

ところが、クリオ（歴史の女神）の采配か、意外な顛末となりました。二〇〇九年三月に高校の学習指導要領が改訂され、二〇一〇年度より先行実施されたのですが、そのなかで「生物Ⅰ」の「（イ）遺伝子と染色体」は新たに「生物」内に移ったうえで、なんと新たな「解説」では「伴性遺伝」云々はすっかり姿を消していたのでした。コトの真相は知る由もありませんが、これにより教科書会社の釈明のよりどころが消失しましたので、新たな高校「生物」の教科書内には不適切な記載は消えてなくなったのでした。

✺フェイク商法――色覚を「補正」するメガネレンズ

二〇一九年の年明け早々、横浜市営地下鉄のとある駅前のメガネスーパー店頭で、役員のひとりが大型の立て看板に出くわしました。「色覚特性　対応レンズ　販売中」と大書され、右わきには石原表もどきの大きな図柄二つがあり、そこで読み取れる数字をたずね、下部に「見え方に自信のない方は、お気軽にご相談ください」とも。

レンズ業者のネオ・ダルトン社ともども、それぞれのホームページの掲載内容を確認したところ、ほぼ同じ内容で科学的な根拠不明の記述がテンコ盛りです。そこでひとまず、メガネスーパー社の窓口に面談を打診、二〇一九年二月に指定の高田馬場店に役員三名が出向き、同社のI氏となぜか同席のネオ・ダルトン（大阪）の社長と情報意見を交換しました。

聞けば次のような説明。①両者の提携は約三年前から。きっかけは問い合わせや要望が増えたから!?　類似の看板は半年前からで五〇店舗ほどに。②「九八％の人に有効」などホームページ内の科学的エビデンスの不明な問題表記の指摘には、言を左右に明確に答えず。そこで、眼科的色覚検査による偏見や不当な社会的バリアによって、当事者がいかに苦しめられてきたかを説明したうえで、チェックリストやQ＆Aなども含めたホームページ内のエビデンス不明な問題表記、また店頭の大型立て看板の表示など宣伝内容の早急な手直しを要望しました。

実は「ダルトンレンズ」による「色覚補正メガネ」と称する同様の商品は、二〇年ぐらい前に登場していたものです。赤・青と特に緑の光の透過率を下げて、あたかも「多数者と同じように」見えると思わせるものです。その二匹目のドジョウをねらったのがネオ・ダルトン社とメガネスーパー社だったのでしょう。

その後まもなく都内で同様の宣伝チラシが新聞折り込みで配布されたことから、不明・問題点を六項目に整理して両社宛に照会文を送付しました。メガネスーパー社の返信によると、布製看板は高価なため順次張り替えていく、ホームページ内の「色覚補正メガネ」は「色覚補助メガネ」「いわゆる色盲・色弱」は「かつての色盲・色弱」へ補正したとのこと。

また、メガネスーパーの窓口I氏を四月の役員会へ招き、「看板については石原表もどきを赤・緑のリンゴへ架け替えをすすめているところ」との報告を受け、引き続き残る問題点の改善をあらためて要請しました。しかし回答期限をかなり超過して届いたのは六月半ば、看板の張替がすべて終了との朗報もありましたが、社内のコンセンサスが容易ではない様子も推察されました。

他方この間、大本のレンズ業者、ネオ・ダルトン社からは一切応答はなく、督促文（二〇一九年六月）にも「黙秘」を決め込んでいました。これは不誠実さもさることながら、おそらくまともな返答ができないことを物語っていました。ちなみに、このレンズの発案者とされる中国人、陳氏の名はなんと「利用者の声」欄の一つにそれとなく入っていたのでした。今後の対応について会員の弁護士に相談、「九八％の人に有効」など誇大広告に焦点をあてることとし、両社による不当表示（誇大広告）の被疑事案として消費者庁に情報提供しました（七月。個別の返答はない制度のため、その後の当局の対応は不明）。

その後、メガネスーパー社への改善推進の要請文と回答文の往復もありましたが、一一月初めに窓口のI氏から「元の看板を撤去したことに社内で異議が出ていて復活させたい」とのメールが入りました。問題の根幹に関わり到底容認しがたい逆行なので、あらためて面談を要請、翌二〇二〇年一月の役員会に招くこととなりました。

当日メガネスーパー社からは、アイケア事業本部のジェネラルマネージャーY氏と同シニアマネージャーI氏が来訪。まず会長から会の基本的姿勢と本件の問題点をあらためて指摘し、善処を求めました。Y氏（I氏の上司）の釈明によれば、数字が浮き出る石原表まがいの看板をはずしてから、色覚補助メガネに対する問い合わせが格段に減って、営業成績が上がらないと店舗側から苦情が出ているため、もとの看板に戻す検討しているとのこと。

これに対して本会からは、営業の自由はあるとしても偏見や差別を助長する広告宣伝は許されない、街頭の石原表まがいの大型立て看板は当事者家族の潜在的な不安をあおる、あまりにもセンセーショナルで有害な広告であると反論しました。最後に元の看板への逆行はけっしてせずに、適正なかたちで営業をしてもらいたいと念を押し、終了しました。

その後は一切応答が途絶えたため、二〇二〇年五月に公開質問状を送付しましたが、もとより回答はなく、立て看板も元の図柄が復活しました。人権の尊重よりも商品の売上げを優先するかのような実状、それがやはりこの国のかたちなのでしょうか。

「色覚をセルフチェックできるサイト」について

ネット社会の近年、ネオダルトン＝メガネスーパー社も含め、眼科やハウツー本のPRとセットのかたちで、石原表もどき等の色覚セルフチェックのサイトがネット上にあふれています。これらは周囲の明るさなど検査上のルールがなおざりな上、そもそも紙上の絵柄などと違ったディスプレイ上の画像であり、よりエビデンス欠如のまがい物といわざるをえません。たとえ主観的には善意からであっても、このような代物を広く利用させ、その結果によって無用の衝撃や不安を、あるいは逆に根深い偏見や差別意識を抱かせることは、それこそ危険な所業であり倫理にもとるものでしょう。見かけても見過ごすのが賢明です。

✺フェイク番組

テレビ番組で色覚に関する偏見や差別を助長するニュース報道として、先にTBSの「ニュース

23」「報道特集」（二〇一七年三月、一二月）を紹介しました（一一六〜一一七ページ参照）。また、その間に放映された日本テレビのバラエティ教養番組「世界一受けたい授業」（二〇一七年一〇月二八日）では、当事者は「交通信号を見誤り事故を起こす例もある」「焼き肉の焼き具合が判断できない」、さらには「いま若者に増えている色覚異常」など、事実や科学に反するステレオタイプの映像場面が続いていたため、すぐさま抗議・要請書を会社とBPO（放送倫理・番組向上機構）宛に提出しました。

また、NHKのいわゆる朝ドラ「まんぷく」（二〇一八年一一月七日）で、登場人物がかつて戦場の爆発のあおりで「色弱」となったとの面妖なストーリーが語られ、複数の役員から局側に異論を提起したこともありました（それらをとりまとめ二〇一九年三月には、会として放送制作部宛に要望書を送付）。

このように多くの市民が視聴するマスメディアで、事実の基本的な確認・検証もなく、科学的エビデンスを欠く眼科的色覚検査を推奨したり、色覚に関する予断や偏見をあおるようなテレビ番組は遺憾ながら後をたちません。

他方、これらとはすこし異質な番組が断続的に放映された時期があります。いずれも色覚を「補正」できるメガネがあるという、いわば「フェイク番組」です。まず二〇一九年一一月二九日の日本テレビ「ニュースエブリィ」。アメリカの「色の見えない」少年が校長から「色覚補正メガネ」

を貸してもらい掛けたところ、見え方が一変!? うれし涙を流したという物語。それが感動と同情を呼び起こし、メガネ代を優に超える浄財が集まったという美談で終わっていました。

実は映像そのものが兄のツイッターの再現ビデオにすぎず、ファクトチェックがどうなされたのか、公共放送としてきわめて杜撰といわざるをえないものでした。そのためここでも、日本テレビ宛に問題点の自己検証をもとめる要請書を送付、後日ＢＰＯへもほぼ同文で申し立てました。その対応は担当ディレクターの不誠実な逃げ腰の応答で終始しました。

その余韻も冷めやらぬ年の瀬に、同工異曲の番組の放送予告がニュースサイトで目にとまりました。こんどはフジテレビの新春特番「世界のありえない映像」（二〇二〇年一月二日）のひとコマとのこと。色覚に差異がある子どもが「補正メガネ」を掛けて差異がなくなった、というエピソードの文字どおり「ありえない映像」でした。取り急ぎ放送二日前の大晦日に、科学的根拠（エビデンス）のない放送内容で予断と偏見を助長するとして、当該部分のカットか注意書きのテロップを入れるよう局側に要請しました。案の定なんらの応答も対応もありませんでしたので、これも直後にＢＰＯに申し立てをしたところです。

そこでは放送倫理上の問題点として、①不適切な用語、②フェイクなストーリー、③エビデンスの検証不在を論述した後、④予断と偏見の助長をあげて、「色覚補正メガネ」と称するこの種の紛い物を喧伝する放送は、結果としてこの「製品」を宣伝するばかりでなく、色覚当事者に対する偏見や差別を助長・再生産している点では、かつて「色覚の治療」を騙り、膨大な被害者を生んだ和同会・目白クリニックの詐欺療法への提灯番組と同列の放送では、と注意を喚起したところです。ちなみに、ＢＰＯからも個別の返答は来ない仕組みとなっていますので、その後のいきさつは残念ながら不明です。

「色覚補正メガネ」と言えば当然、前項で紹介したネオ・ダルトン社のレンズによるメガネスーパー社の紛い物を連想させますが、これらの軌を一にしたテレビ放送のウラの世界でどのような動きが潜んでいたのか、残念ながら知る由もありません。

◉終章

「十人十色」——色覚の相違は「異常」ではない

これまで見てきたとおり、この国では今日でさえ、色覚の相違・分位に対して人権にもとる不当な差別的取扱い、根深い予断と偏見がいまだに再生産されています。それは何よりも、十分な医学的なエビデンスを欠きながらも石原忍の権威に基づいて、石原表による眼科的な色覚検査制度が学校・職域で長きにわたり組み込まれ、その判定結果ひとつで当事者に決定的な烙印を押してきた特殊歴史的な軌跡——それらとまさにパラレルな構造的な負の遺産でもありました。

そこでまず、そうした眼科的な色覚検査の誕生にまつわる秘められた偽計、またこの国特有の色覚差別のいわば「三つ子の魂」について、あらためて掘り下げてみたいと思います。

✺色覚検査の誕生

色覚検査が歴史の表舞台に登場したのは一五〇年ちかく前のことでした。発端は一八七五年一一月にスウェーデンはウプサラ県・ラーゲルルンダで起きた一件の鉄道事故。雪の舞う漆黒の闇のなかで列車が正面衝突、当然ながら事故調査で原因がとりざたされました。運行規則違反など様々な要因が複合していたと推定されましたが、司直の下した判決では信号操作の過失によるとして駅長が有罪となったのでした。

しかし、ここに一人の生理学者（F・ホルムグレン）が異を唱えます。憶測による仮説で「運転士か機関士の色覚こそが事故の原因だ」と。しかし当の運転士らは事故で死亡していて、文字どおり「死人に口なし」。はたして色覚に違いがあったのか否か、それ自体が確認する術もなかったのです。実はホルムグレン自身、かねてより自作の色覚検査法（羊毛法）を考案、広めようとしはじめていました。それもあってか恐るべき執念で、色覚原因説を否定していた鉄道会社の幹部の前で、翌年ひとつの「実演」を敢行、色覚が原因だと同意させることに首尾よく成功したのでした。直後の船舶事故も相まって、これを機に眼科的な色覚検査が欧米で一気に普及することとなりました。

ところが近年の研究で、くだんの「実演」は巧妙にトリックが施された、卑劣なフェイクだった事実が明らかとなっています（J・D・モロンら「ラーゲルルンダの衝突と色覚検査の導入」）。必ず色を取り違えるように実は小細工が加えられていたのです。そんな偽計を使ってまで色覚検査の普及を画策した一人の学者の煩悩には、いわゆる既視感さえありますが、色覚検査の出生には人の道にもとる、事故当夜と相似た漆黒の闇が秘められていたことを、私たちは銘記しておくべきでしょう。

✺色覚検査の制度化

出生前検査──選択的中絶とパラレルな、開発された技術が潜在的なニーズを掘り起こす、いわゆるテクノロジー・インペラティブの一例をここにも見ることができます。その後、ニーズの高揚が逆に技術の革新を叱咤する負の循環を生み、いわゆる仮性同色表の嚆矢・スチルリング表（一八七七～八七年）、現在の診断基準ともなったアノマロスコープ（一九〇七年）など、次々と新手の色覚検査法が登場します。

この国でもいくつかの仮性同色表が考案されていましたが、制度的に使用され時代を画したのが、陸軍の軍医（後の東京帝大教授）石原忍の作製した色覚検査表（一九一六年）。一九二一年からは学校版が全国の学校で制度的に導入され、今日に至るまで「色覚検査と言えば石原表」が通り相場とさえなったのでした。

この通称「石原表」ですが、この小冊子に収められた検査図面の数々の後ろには、先にふれたとおり「附録」が添えられていました。『通俗色盲解説』とのタイトルで、「色盲」の種類や遺伝、発生する過誤などの解説に続き、「色盲と職業」「結論」で締めくくられています。これは文字どおり石原忍の色覚をめぐる見解を端的に表明しているものですが、その特質を象徴しているくだりは以下のとおりと思われます（抜粋。傍点は引用者）。

四　色盲と職業

（略）

医師や薬剤師がもし色盲のために診断や調剤を誤ったならば、他人に危害を及ぼすことが無いとも限らない。この意味では甚だ危険であるが、しかしわが国のみならず欧州諸国に於ても、未だ嘗てその実例を聞かない。

（略）

五　結論

（略）

二　色盲者は（中略）等になればその人終生の不利益であるのみならず、時として他人に災害を及ぼすようなことが無いとも限らない。

三　故に何人も、その職業選択前に、一度色盲検査を受ける必要がある。

（略）

時代の制約が仮にあったとしても、ここでも十分なエビデンスもないまま、職業適性に関する抜きがたい予断と偏見が提示されていることが再確認できるでしょう。また何よりも、推測の「かもしれない（無いとも限らない）」の直後に、なぜか断定の「である（危険である）（必要がある）」が続きます。これはかなりの論理矛盾あるいは没論理と言えるでしょう。ひどく杜撰で不可解・異常なことですが、優生的な差別意識の内なる横溢が目のウロコとなり、自らの非論理性すら没却させたのでしょうか。

なお、石原が最初に徴兵検査用の「色神検査表」を考案した一九一六年は最初の世界大戦中で、帝国日本も「一等国」をめざし参戦していた、時あたかも戦時体制下だったこと、その後も一五年戦争に突き進んでいく閉塞の時代だったことにも留意する必要があるかもしれません。ちなみに石原は「色盲検査表の研究」の功績により、健兵健民・総動員体制下の一九四〇年、柳田国男らとともに朝日文化賞を受賞しています。

ちなみに、こうした予断と偏見、また差別・優生思想はその後も根強く続き、既述のとおり戦後の検定教科書ですら、当事者との結婚を厳しく戒めるような記述が一九七〇年代まで、軒並みあからさまに記載されていたのでした。

✴石原表の実像

名古屋市の小中学校で一九七〇年代に始められた調査の結果によると、学校用石原表で「異常の疑い」となるのは当然ながら例年ほぼ同じで、男子は四・八%、女子で〇・四%となっていました。その後アノマロスコープによる確定診断の結果では男子四・五%、女子〇・二%となったのです。つまり石原表で「異常の疑い」と判定された子どものうち、眼科的に正常な者の割合（誤診率）は男子で四〜一〇%、女子では四八%も含まれていたのです。女子では半数近くが誤診（偽陽性）だったことになります（高柳泰世『つくられた障害「色盲」』）。

もうひとつ、制度的な色覚検査が「復活」した後の江戸川区の実状を紹介します。二〇一六年度の学校健康診断で「異常の疑い」ありとされた男子（学校用石原表で二表以上誤読が眼科受診勧奨の

「基準」）が受けた精密検査の結果では、小学生二一九人のうち「正常」が九〇人、「異常」が一二九人、つまり誤診（偽陽性）率が四一％。中学生六四人のうち「正常」が三九人、「異常」が二五人、つまり誤診（偽陽性）率は六一％。なんと男子でも半数ほどが誤診という実状が浮かびあがりました。

江戸川区で設定した「基準」が「感度」優先のかなり幅広（二表以上誤読）という事情を割り引いても、ここでの精密検査とは確定診断用のアノマロスコープではなく（そもそも所持する眼科医院は皆無）、国際版石原表やパネルD-15（色相配列検査）などにより「総合的に」判定したという実態を加味すれば（しかもこれが全国の現場の実態に相当！）、おそらく実像に近いといえるでしょう。学校色覚検査の水準のほどが浮かび上がります。

ちなみに色覚検査表について、日本医師会の『色覚マニュアル』（二〇〇三年）では次のように記載しています。

色覚異常を有する者でも全表正読のことがある

色覚検査表としては、いろいろな色覚検査表が考案されていますが、いずれも図形（数字）と背景とが、色覚異常を有する者にとって見分けにくい色の組み合わせで構成されています。しかし、見分けにくい色には個人差があり、ある色覚検査表では色覚異常と判定されても、他の色覚検査表では正常色覚と判定されたり、また、いずれの色覚検査表も正読できる色覚異常者も存在します。

色覚正常者でも誤答することがある

色覚検査表においては検出率を上げるために、鮮やかさや明るさの異なる斑点で数字などが描かれています。したがって、図形を認識する能力に加えて、認識、記憶などの色覚以外の能力にも依存しています。特に低学年の児童では正常色覚でも誤読するものがみられるなど、異常と正常を明確に区分することは不可能です。このように、全表正読した場合にも一〇〇%正常といえず、誤った場合にも一〇〇%異常と確定することはできません。

色覚検査表による程度判定は避ける

色覚検査表における程度判定の基準は色覚検査表により異なること、また前述のように色覚以外の能力にも依存することから、程度表による評価はあくまでも参考資料にとどめるべきです。特に「強度」と診断された場合は、就職や資格試験の受験資格に関して制限を受ける場合があります。したがって、安易に色覚検査表で程度判定を決定することは避けなければなりません。

これらの記述から石原表の特徴や判定の限界、つまり日常生活ではほとんど支障がなくとも「異常（の疑い）」と判定されることが少なくない一方で、まったく「異常」を検出できないケースもあることがわかるのです。これは検査の「精度」の問題といえます。

そもそも先天的な色覚の違いは治療などできない、想定すらされていないもの。いわゆる出生前検査――選択的中絶と同じく「検査あって治療なし」とすれば、すでにふれた数々の弊害と考えあわせるとき、色覚検査の本性が浮かびあがります。もっぱら検査で相違のある者をふるい出し、社会的なカベ・障壁の外へ排斥・隔離する選別の利器、ひとつの社会防衛上の技術的な裏づけに相違ありません。そこにはまた、世界にも例を見ない「検査漬け」と長年批判されてきた特有の医療経営の風土、医療検査ひいては科学技術・テクノロジーなるものは、おしなべて「善なるもの」と信じて疑わない、半ば刷り込まれた、典型的な過度の楽観ないし検査信仰が根底に潜んでいないでしょうか。

ちなみに、海外に例を見ないほど学校で色覚検査があまねく実施されてきた来歴こそが、同じく海外に例を見ないほど職域で色覚による採用上の障壁が高かったことの主因に違いないでしょう。

✺色覚検査の〈劣性〉

色覚検査の歴史にその名を残す二人の科学者、F・ホルムグレンと石原忍にひそむ偽計と妄執からは、いずれも色覚当事者の選別・排除に囚われた、抑えがたい病的な煩悩が浮かび上がってきます。それはまた今もなお、とりわけ日本眼科医会（なかでも学校保健部）の妄信によって、この国の色覚検査制度に色濃く暗い影を落としているといえましょう。

この二人に代表される偏見や差別、優生意識は、次のようなトピックスからもくっきりと照射されます。遺伝学はメンデルの法則のいわゆる再発見（一九〇〇年）により急速に興隆しましたが、これをはさんだ19世紀後半から20世紀前半にかけて、洋の東西を問わず「社会進化論」「優生学」が風靡していたのです。それはホルムグレンと石原の思想にも、自ずと深く浸み込んでいることでしょう。

日本に遺伝学が伝わった今から一〇〇年あまり前に、遺伝学用語の「優性・劣性」が使われはじめました。原語は「dominant・recessive」で「目立ちがち・隠れがち」の意であり、「優・劣」の含意はありません。この和訳は長野県のある高校教師によるそうですが、これが難なく定着していったのは「最適者生存」を掲げるスペンサー主義、遺伝的人種改良を唱える優生主義、これらが席捲していた時代的な影がやはり窺われます。また、その影は無論ひとり「優性・劣性」のみならず広範な遺伝学用語に及んでいました。

こうした状況のなかで日本遺伝学会はこの間、一〇年の歳月をかけて遺伝学用語の大改訂作業をすすめました。もっとも代表的な「優性・劣性」は「顕性・潜性」に改訂、その他全面的に洗い直した用語集（『遺伝単』）を刊行したのです（二〇一七年）。今回の改訂はそうした用語を一〇〇年以上も無自覚に使ってきたことへの専門家としての「罪滅ぼし」と、学会長は述べています。

しかも、そのなかで意外なことに「色盲」「色覚異常」についても言及されていたのです。原語は19世紀半ばに生まれた「color blindness」と近年の「color vision defficiency」ですが、日常生活に支障がなく発生率も高いため、色覚の相違を生物学的に「障害」や「異常」と捉えることは不適当として、「色覚多様性　color vision variation」と概念を置き直すことを提唱したのでした。一〇%ほどいる左利きを「利き腕異常」と呼ばないのと同じと、学会長は語っています。そこには色覚の相違に対する偏見や排除の負の歴史、マインド・コントロールへの深い洞察が感じられます。眼科医会（とりわけ学校保健部）に巣くう一部「老体」は、爪の垢を煎じて飲んでみたらどうでしょうか。目からウロコが落ちるかもしれません。

また、こうした現状と表裏一体ではと思われるのは、この国で代表的な色覚検査法として君臨してきた「石原表」は、前述のとおり検査としての科学的な「精度」すら把握されていないのです。もとより臨床検査の目的は病気の有無を識別することにあり、病気のある者を「陽性」、ない者を「陰性」と正しく判定する能力が「検査の精度」です。具体的には「感度」「特異度」「偽陽性率」などがあります。

石原表の「維持・改良」を使命とする「一新会」という後継者の団体にそれらを尋ねたら、いともあっさりと「調べていません」との返答だったと伝えられています（川端裕人『「色のふしぎ」と不思議な社会』）。つまり石原表の作成元・一新会は検査の精度すら眼中にない、という杜撰な実態が浮き彫りになっているのです。科学的エビデンスのない検査法というのみならず、検査法には科学的エビデンスが必要であるという基本的な発想自体を欠いている眼科医（学）者が、専門家と称して「地位の権威」を振り回しながら、石原教徒よろしく厳かに石原表を宣教してきたのです。

そして何よりこの倒錯した病理こそが、一〇〇年にわたり無数の当事者に「被害」をもたらしてきたのです。それは眼科医会の一部「老体」が、自らのアナクロな優生意識と妄執に気付けない不明なのか、はたまた眼科校医としての卑俗な自尊心や承認欲求を死守せんとする、情動的な「防衛反応」のなせるワザなのか、何とも原因が不可思議との感懐をしばしば耳にします。

ともあれ、げに「罪深きは眼科医なり」、思い当たる向きは頭を垂れて改悛せざるべからずでしょう。この前科学的な権威主義は多かれ少なかれ、この国の医のギョーカイに今も残る伝統的体質なのかもしれませんが、少なくとも近年、ＥＢＭ（エビデンス・科学的根拠に基づく医療）の薫陶を受けてきた若手の眼科医たちが、所与の色メガネを自らはずし、専門家の名に恥じない転生を遂げることを祈願してやみません。

＊色覚多様性の由来

ヒトの網膜にある錐体視細胞内には三種類の視物質（色素）があり、それぞれＬ（長）、Ｍ（中）、Ｓ（短）のもっとも強く応答する光の波長域（感受波長域）があります。これら三つの波長が、例えば同等の光のときは「白」、Ｌ（長）波長が強い光は「赤」と大脳で認知されます。

また、三種類の錐体視細胞・視物質(色素)が揃っているのが多数者の三色型、三種類の一部が組み換わっているのがいわば融合三色型、二種類なのが二色型です(それぞれ眼科では三色覚、「異常三色覚」、二色覚と呼称)。このうち、赤色素と緑色素の遺伝子はX染色体上で前後にすぐ隣り合わせで乗っており、加えてそれら色素遺伝子の並び方(配列)は必ずしも一様ではなく、それぞれ繰り返しや数の多少などバラツキの見られることがあるようです。そのうえ色素遺伝子どうしが互いに組み換え、乗り入れることもあり、それがさまざまな少数者の色覚を生むことになります。

一方で、眼科的色覚検査で「正常」とされた男性を選び、その赤色素のアミノ酸配列をみると、一八〇番目がセリンは六二%、アラニンは三八%とかなりの相違があるとのこと。微小ながら感受波長域に当然ズレがあるので、色の見え方にも分位が生じることとなります。多数者の中でも四割ほどは同じ色覚とはいえないわけです。そうした多様なグラデーションのあるなかで、ましてや少数者との間で何か明瞭な境界線をもって二分するなど、およそできない相談なわけです。

赤色素と緑色素は同様にアミノ酸の配列でも当然かなり似ており(九八%前後が相同)、遺伝子変異によるタンパク質の入れ替わり頻度(平均一千万年に一%)から換算して、両者はせいぜい約二千万年前に枝分れしたばかりと推定されます(村上元彦『どうしてものが見えるのか』)。両者がほとんど似ている所以ですし、生物進化の悠久の歴史上ではごく最近のできごとなわけです。

以上は分子遺伝学の所見ですが、進化生物学のアプローチからもヒトの色覚多様性の由来が明らかとなってきました。

　霊長類を中心とした生物の色覚進化に関する研究は近年、めざましい知見をもたらしています。中生代の恐竜の時代に夜行性の小動物となった哺乳類は、四色型だった共通祖先の他の脊椎動物と袂を分かち、ほとんどが二色型の色覚を選んで生き延びました。夜陰のなかでは色よりも明暗、形の識別の方が重要なのです。新生代に移り森林の樹上生活へ躍進した霊長類の多くは三色型を獲得しました。日中に緑の葉の中に顕色系（赤、黄色など）の果実を見分けるうえで、それは有利だったとされています。しかし一部の種に二色型も残っているのは、三色型より明暗視や輪郭視がすぐれているため、隠ぺい色系（緑、茶など）のカモフラージュした採食昆虫や危険な捕食者の早期発見に有利だったとされています。また両者が混在、共存している種も見受けられるのです。つまり三色型と二色型は生存繁殖上、ともに「適者」であったのでしょう。

　ヒトの二色型の少数者についても、合理的な進化史上の理由があって、三色型の多数者と「共存共栄」してきたと言えるのではないでしょうか。まさに「二色型も含めた多様な色覚があったおかげで人類の祖先は生き延びてこられた可能性もあるのです」「色覚多様性は「異常」ではないということ」（河村正二「色覚多様性の意味について」）でしょう。当事者のわが子を、そして親類や知人の子を「かわいそう」などと思う謂われはないのです。憐れだとすればそれは取りまく社会の病のせいではないでしょうか。

✺制度的な眼科的色覚検査の廃絶を

眼科的な色覚検査における判定上の限界、はらまれる弊害などについてはつとに明らかとなっていました。問題はこの国では一世紀あまり、眼科医と国が主導するかたちで、眼科的色覚検査をひたすら信奉し、学校や職域で一斉に強要してきた異常な体制、言うなれば特有の宿痾なのです。ちなみに同様のシステムは極東の一部、かつて帝国日本の版図だった国と地域には多少とも残存しているようです。

眼科医会や文部科学省は学校色覚検査を勧奨する理由として、自らの色覚を知らないがゆえの進路上の「被害」や「不利益」をいわば殺し文句として新たに打ち出しています。しかし、いくら早期に本人が「異常」を自覚したとしても、門戸を閉ざしたままの一部就職先への志望が叶うわけはありませんし、採用制限などの社会的なバリア自体は一向に消滅などしない道理でしょう。就活時のショックを回避はできるとしても、所詮は夢や希望を逸早く断念し、不合理な現状に順応・適応させる宣撫工作、悪巧みではないでしょうか。また、自らの機微情報を「知らされない権利」（世界医師会）にすら不明な、古色蒼然たる上から目線のパターナリズムではないでしょうか。ねらいは結局、一〇〇年来変わらぬ「危険」な本人の選別・排除なのですが、保護者や教職員の多くはいわばマインド・コントロールないし刷り込みにより、それら狡猾な甘言・殺し文句を疑うことなく、いたずらに不安にかられ、早期の検査を望みやすいようです。

しかし実際には、職場に残存する物理面・制度面の雑ぱくなバリアを合理的に撤廃するだけで、本人・家族の「不利益」の大半は解消するに違いないのです。問題の核心は本人の属性（医学モデル）ではなく、本人をとりまく社会的環境（社会モデル）なのです。医・臨床の世界から色覚分位（バリエーション）は切り離すべきでしょう。

眼科医会は常々、次のような三つの予断ないし妄信に基づいて、制度的な眼科的色覚検査の宣教を続けています。

1、当事者は多かれ少なかれ色を見まちがえる。だから多くの業務上、危険である。
2、当事者を判別するための道具が眼科的な色覚検査で、これで正確に判別できる。
3、特に石原表は簡便なうえ判別にすぐれており、制度的な一斉検査の実施に至当。

しかし、いずれもエビデンスが十分ではありません。順に批判的に見ていきます。

1、当事者は相対的に色を見まちがえることが多いが、つとに国も公認しているように「大半は業務や学校生活で支障がない」のであり、ほとんどの業務では危険ではない。よろず危険と吹聴するのは現在の知見に暗い者か、確信犯的な差別・優生主義者である。

2、疑似的に作製された色覚検査よりも、現場の実物での判定にまさるものはありえない。そのわずかな手間ヒマを惜しみ、自家の眼科的色覚検査に固執しているに過ぎない。
3、石原表は検出力が高い一方で、その裏面として誤診率も高いなかで、前者が偏重されてきた。そもそも検査法としての精度（感度、疑陽性率など）すら把握されておらずエビデンスを欠いている。

生活空間において情報を伝達・共有する手立てとして、印刷・信号などで様々の「配色」技術が急速に普及・浸透を遂げた近代の「色彩化」社会では、色覚の検査・選別のニーズとシステムも誕生したところです。しかし、眼科的色覚検査への幻想や浅慮、国の認める「知見の蓄積」にも疎い一部の目医者や事業者の自覚を欠いた差別意識など、不合理な社会的バリア・障壁の方こそ、この国でいまだ現存する数多くの「不利益」を生み出してきた時代遅れのカマドではないでしょうか。「社会モデル」の理解を欠き、もっぱら「個人」の自己責任に帰する、昨今とみに支配的な新自由主義の風潮に乗った、多分に人権を抑圧する「色覚ムラ」の論理と言わざるをえません。

✺もう一つの道へ

とすれば課題はまず、「色覚検査で当事者を一人残らず選定、排除すべき」という、長年にわたる差別的な刷り込みの呪縛から自らを解き放つことではないでしょうか。とりわけ、「就職で被害を被らないためには早期の色覚検査を徹底すべき」と、眼科医会が近年とみに打ち出している「早期告知論」は、「実態調査」結果の変造発表と並んで、保護者の不安や誤解を煽るプロパガンダといえるかもしれません。元来「色覚検査は職務遂行能力を判定できない」と国（厚生労働省）もつとに表明しています。

しかし無理解や惰性で今も一部に残る不当な採用制限の実態を逆手にとって、むしろ早期検査を正当化しようとする下劣な論法。本人・家族の不安の元は何よりも就職差別であり、これを支えてきたものが前科学的な色覚検査に他ならないのですが、就職での蹉跌を自ら事前に避けて通るためには必要だと、その前科学的な色覚検査を早期に受けるよう迫る転倒した詐言！　本来まっ先に眼科医こそが取り組んで不思議ではない就職上の色覚制限の緩和、ましては撤廃には、これまで何一つ取り組んできたことがなかったことが、それらを何より裏付けていることでしょう。あたかも一つのマッチ・ポンプであり、コロモの下の「社会防衛論」の露呈という他ありません。

これら「アンシャン・レジーム」は容易に崩れはしないでしょうが、実は眼科医会そのものが一時とはいえ、かつて眼科的色覚検査制度の廃止を打ち出した時期があるのです。一九九〇年前後、高柳泰世医師の長年にわたる奮闘に呼応した長屋幸郎会長の時代でした。そこに立ち返る日の訪れることを一縷《いちる》の望みとして夢見る次第です。

弊害の多い「制度」としての眼科的色覚検査を無用の長物とすること、つまりは色覚の判定を医のテリトリーから解き放つこと、法令に沿って学校での検査はただちに廃止するとともに、雇入れ時も検査を廃止し、特定の色覚を真に要する職域に限って、その職務の上で必要不可欠な色彩識別度の存否について、適切な時期に現場の実物かレプリカ・画像などによって判定すること、本来それが最も妥当なのです。

あわせて、漫然たる慣行でさしたる意味もなく物理的に色覚のバリアとなっている職場の色彩環境に気づき、それらを合理的に改善すること、そして業務上必要な色の識別が苦手な仲間を時にはサポートする、ほんのささやかな配慮が加われば、ほとんどの当事者は就業上の障壁・バリアが雲散霧消することでしょう。

これら社会的な色覚バリアの撤廃、色覚をめぐるノーマライゼーションの実現こそが、この国の色覚差別を過去のものとする王道であり、それは長年の通念と惰性から一人ひとりほんの少し解き放たれれば、さほど難しいことではないに違いありません。

これらの理にかなった道筋が一日も早く世にひろく共有され、人権にふれる社会的バリア、不条理な色覚差別が解消されるときが訪れることを、私たちは切に願わざるをえません。

4　参考文献

・改訂版・つくられた障害「色盲」 高柳泰世　朝日新聞出版　2014年（品切れ）

・色覚異常は「障害」ではない　日本色覚差別撤廃の会　高文研　1996年（品切れ）

・「色のふしぎ」と不思議な社会　川端裕人　筑摩書房　2020年

・色覚差別と語りづらさの社会学　徳川直人　生活書院　2016年

・色彩の科学　金子隆芳　岩波新書　1988年（品切れ）

・色彩の心理学　金子隆芳　岩波新書　1990年（品切れ）

・どうしてものが見えるのか　村上元彦　岩波新書　1995年（品切れ）

・カラーユニバーサルデザインの手引き　CUDO　教育出版　2012年

・知っていますか？ 色覚問題と人権 一問一答　尾家宏昭・伊藤善規　解放出版社　2004年

・はじめて色覚にであう本　しきかく学習カラーメイト　カラーメイト　2017年

・学習シリーズ⑪色覚検査廃止から何を学ぶのか　日本教職員組合養護教員部　アドバンテージサーバー　2003年（品切れ）

・学習シリーズ㉑健康診断を見つめ直す　同上　2015年

・必要か差別か？　学校での「色覚検査」復活の謎に迫る　斎藤貴男　週刊「AERA」2018年7月23日号　朝日新聞出版（品切れ）

・2020年度研究課題　月刊「同和教育　であい」No.700　全国人権教育研究協議会　2020年

・制度的な色覚検査の撤廃を　新たな知見と色覚多様性をふまえて　荒伸直　川端裕人　月刊「部落解放」811・813・814号　解放出版社　2021年（品切れ）

3 【年表】色覚検査制度転変の軌跡 15 年

（傍点は作製者）

2001 年 7 月	労働安全衛生規則の改正、局長通知＝雇入時の健康診断項目から色覚検査を廃止［10 月、改正規則の施行］
2002 年 3 月	学校保健法施行規則の改正、局長通知＝学校健康診断必須項目から色覚検査を削除［4 月、改正規則の施行、色覚関連は 03 年度］
2013 年 3 月	衆議院予算委員会で笠浩史議員による下村博文文部科学大臣との質疑、日本眼科医会の主張にほぼ沿った論議
8 月	文部科学省「今後の健康診断の在り方等に関する検討会」で日本眼科医会理事が参考人説明
9 月	日本眼科医会理事が記者会見「自らの色覚を知らないために就職等で被害を被る」
10 月	日本眼科医会ほか文部科学省へ要望書「色覚検査申込書を配布し検査の働きかけを」と、申込書のヒナ型までも添付
12 月	文部科学省検討会、最終報告書に「積極的な周知を図ることも必要」と書き加える
2014 年 3 月	参議院予算委員会での有村治子議員と下村博文文部科学大臣との質疑、日本眼科医会の主張にほぼ沿った論議
4 月	学校保健安全法施行規則の改正、局長通知＝「不利益を受けることのないよう……より積極的に保護者等へ周知を」［16 年 4 月、改正規則の施行］
6 月	文部科学省事務連絡＝ヒナ型〈色覚検査申込書の例〉を提示
2015 年 9 月	日本眼科医会ほか作製ポスター〈色覚検査のすすめ！〉を全国各地の病院、教育委員会へ配布
12 月	文部科学省事務連絡＝「様々なところからの要望等により混乱が」［上記配布ポスターへの問い合わせ殺到によるとされる］

(平成14年3月29日13文科ス第489号）には、色覚検査に関しては「定期健康診断の必須項目に加えて色覚の検査を実施する場合には児童生徒及び保護者に事前同意を必要とすること」と検査の実施を容認する記載があり、また進学・就職に関しても「教職員は色覚異常について正確な知識を持ち（中略)、学習指導、生徒指導、進路指導等において、色覚異常について配慮を行うとともに、適切な指導を行う必要があること」との記載がある。しかし、教育委員会や学校現場では色覚検査が健康診断の必須項目から削除されたことをもって、「色覚検査は実施しなくてよい」または「色覚検査を実施してはいけない」と捉えられた傾向がある。

上記より、今後学校関係者に対して貴局長通知の周知を図るとともに、小学校低学年と中学1年に色覚異常の説明文を添えた色覚検査の申込書（別添）を配布し、希望者に対する検査の実施を働きかけていただくことを強く要望する。なお小学校低学年での検査についてはその理解度を考慮し、小学1年の2学期での実施が望ましい注2）が、学校現場の事情に合わせて適切に対応されたい。

注1）調査報告書「平成22・23年度における先天性色覚異常の受検者に関する実態調査」

注2）希望調査による検査の実施時期に関して
(略)

2　眼科医会の運動

日眼医学保発第30号

平成25年10月24日

文部科学省スポーツ・青少年局
学校健康教育課
大路　　正浩　課長殿

公益財団法人日本眼科学会　理事長　石橋達朗
公益社団法人日本眼科医会　会　長　高野　繁

要　望　書

学校保健法施行規則の一部改正（平成14年3月29日文部科学省令第12号）により、それまで小学4年の児童全員に実施されていた色覚検査が健康診断の必須項目から削除されてすでに10年が経過した。そのため現在、中高生の多くは色覚検査を受けることなく進学・就職と向き合っており、同様に2年後には検査を受けたことのない多くの大学生が卒業を迎えることになり、色覚に係る問題が急増することが懸念されている。

日本眼科医会では現状を把握する目的で、平成22・23年度における先天色覚異常の受診者に関する実態調査注1）を実施したところ、進学・就職に際して色覚に関するさまざまな問題が起こり、また学校生活においても先天色覚異常の子どもに対する十分な配慮がされていないことを確認することができた。

一方、同法の施行規則の一部改正に際して発出された貴局長通知切に実施されるよう御協力のほどよろしくお願いします。

記

公益財団法人日本学校保健会ホームページ

○学校での色覚検査について

http://www.gakkohoken.jp/0temp/090204_01.pdf

○色覚検査申込書の例

http://www.gakkohoken.jp/0temp/090204_02.doc

（略）

このため，平成 14 年 3 月 29 日付け 13 文科ス第 489 号の趣旨を十分に踏まえ，①学校医による健康相談において，児童生徒や保護者の事前の同意を得て個別に検査，指導を行うなど，必要に応じ，適切な対応ができる体制を整えること。②教職員が，色覚異常に関する正確な知識を持ち，学習指導，生徒指導，進路指導等において，色覚異常について配慮を行うとともに，適切な指導を行うよう取り計らうこと等を推進すること。特に，児童生徒等が自身の色覚の特性を知らないまま不利益を受けることのないよう，保健調査に色覚に関する項目を新たに追加するなど，より積極的に保護者等への周知を図る必要があること。

学校における色覚検査について（事務連絡）

文部科学省スポーツ・青少年局　2014年(平成26年)6月5日

学校における色覚検査については、平成 26 年 4 月 30 日付け 26 文科ス第 96 号にて、従来からの留意事項に加え、特に、今後、児童生徒等が自身の色覚の特性を知らないまま不利益を受けることのないよう、保健調査に色覚に関する項目を新たに追加するなど、より積極的に保護者等への周知を図る必要があること等についてお願いしたところです。

各学校での取組にあたっては、公益財団法人日本学校保健会のホームページに参考となる資料等が掲載されておりますので、下記ＵＲＬから御参照いただき、引き続き学校における色覚検査等が適

2　学校における色覚異常を有する児童生徒への配慮

（1）教職員は，色覚異常について正確な知識を持ち，常に色覚異常を有する児童生徒がいることを意識して，色による識別に頼った表示方法をしないなど，学習指導，生徒指導，進路指導等において，色覚異常について配慮を行うとともに，適切な指導を行う必要があること。

（2）文部科学省においては，平成14年度中に，学校における色覚異常を有する児童生徒への配慮についてまとめた手引書を新たに作成し配布する予定であること。

学校保健安全法施行規則の一部改正等について（通知）

文部科学省スポーツ・青少年局　2014年(平成26年) 4月30日

(略)

Ⅳ　その他健康診断の実施に係る留意事項

(略)

2　色覚の検査について

学校における色覚の検査については，平成15年度より児童生徒等の健康診断の必須項目から削除し，希望者に対して個別に実施するものとしたところであるが，児童生徒等が自身の色覚の特性を知らないまま卒業を迎え，就職に当たって初めて色覚による就業規制に直面するという実態の報告や，保護者等に対して色覚異常及び色覚の検査に関する基本的事項についての周知が十分に行われていないのではないかという指摘もある。

学校保健法施行規則の一部改正等について（通知）

文部科学省スポーツ・青少年局　2002年(平成14年) 3月29日

(略)

第1　学校保健法施行規則の一部改正について

(略)

2　児童，生徒，学生及び幼児の健康診断

(1)　色覚異常についての知見の蓄積により，色覚検査において異常と判別される者であっても，大半は支障なく学校生活を送ることが可能であることが明らかになってきていること，これまで，色覚異常を有する児童生徒への配慮を指導してきていることを考慮し，色覚の検査を必須の項目から削除したこと。

(略)

第4　色覚の検査の必須項目からの削除に伴う留意事項について

1　色覚の検査

(1) 今後も，学校医による健康相談において，色覚に不安を覚える児童生徒及び保護者に対し，事前の同意を得て個別に検査，指導を行うなど，必要に応じ，適切な対応ができる体制を整えること。

(2) 定期の健康診断の際に，必須項目に加えて色覚の検査を実施する場合には，児童生徒及び保護者の事前の同意を必要とすること。

(略)

(4) 今後も，色覚異常検査表など検査に必要な備品を学校に備えておく必要があること。

第３　その他

改正の趣旨及び内容の周知に当たっては、以下の事項を理解の上、これに留意して実施すること。

（１）本改正は、各事業場における個別の必要性に基づく自主的な取組みとしての色覚検査の実施を禁止するものではないが、改正の趣旨にかんがみ、職務に必要とされる色の識別能力を判断する際には、各事業場で用いられている色の判別が可能か否かの確認を行う等にとどめることが望ましいこと。

（２）事業者が個別の必要性に基づき色覚検査を実施する際には、労働者の業務との関連性が認められるとともに、検査の必要性等について十分な説明を行い、労働者の同意を得つつ適切な方法により実施されることが望ましいこと。

（３）事業者による自主的な色覚検査の実施等によって当該事業場のすべての労働者が適正に色を識別できることが確認されている場合であっても、改正後の労働安全衛生規則第 271 条第２項等の規定による色分け以外の措置を併せて行う必要があること。

（４）各事業場内において、「色」表示のみにより労働者の安全への配慮等を行っているものについては、色の表示を生かしつつ、文字等の併用や異なった形や大小の差による区別を行う等の工夫を行い、誰もが判別しやすい表示を行うことが望ましいこと。

（５）事業者に対する色覚異常についての正しい理解の促進のための啓発の具体的な方法等については別途指示する予定であること。

【資料篇】

1　国の制度の軌跡

労働安全衛生規則の一部を改正する省令の施行について

厚生労働省労働基準局　2001年(平成13)年７月16日

(略)

第１　改正の趣旨

労働安全衛生法に基づく雇入時健康診断は、雇い入れた労働者の適正配置や入職後の健康管理の基礎資料を得ることを目的として事業者に対して実施を義務付けているものであり、色覚検査についてもこの一環として実施されてきたものである。しかしながら、色覚異常についての知見の蓄積により、色覚検査において異常と判別される者であっても、大半は支障なく業務を行うことが可能であることが明らかになってきていること、さらに色覚検査において異常と判別される者について、業務に特別の支障がないにもかかわらず、事業者において採用を制限する事例も見られること等から、今般、雇入時健康診断の健診項目としての色覚検査を廃止する等所要の整備を行ったものである。

(略)

■あとがき

日本色覚差別撤廃の会が本を刊行するのは今回が二度目となります。一度目は『色覚異常は「障害」ではない』（高文研）と題して一九九六年に出版されています。色覚当事者への厳しい差別状況が放置されてきた日本社会に対して、ともに問題意識を抱いた医療関係者、教育関係者らによって、主に進学における制限の撤廃への取り組みが始まった一九八〇年代から、当事者の色彩識別能力が正当に評価される社会の実現をめざして自らの権利侵害に異議ありの声を上げ、その回復を求めるべく結成された日本色覚差別撤廃の会の誕生となる一九九四年までが書かれていました。

その出版から四半世紀余りが過ぎ、社会はどう変わったでしょうか？　法的には二〇年ほど前の労働安全衛生規則・学校保健法施行規則の画期的な改正により、眼科的色覚検査は雇入時健康診断や学校定期健康診断における必須項目から削除されました。これらの制度改正の精神が社会に理解され浸透し根付くには、多くの時間を要するのかもしれません。長い時間をかけて日本社会に培われてきた「色覚の差異」に対する偏見がはびこる土壌からは、その時代、時代によって異なる表情をした事象が顔を出してきました。

特に二〇一四年には先述のとおり、学校保健安全法令の規定に逆行する通知が唐突に出されました。また近年は「色覚チェック」と称するサイトがインターネット上で氾濫するなど、差別意識の通奏低音が絶えることはありませんでした。それらの事象一つひとつに当事者団体として向き合ってきた四半世紀でした。

問題の闇の深さに尻込みしたくなることもありましたが、そんな時に背中を押してくれたのは、理不尽な現実に対する変わらぬ怒りと義憤の情をもって私たちを激励していただいた人たちであり、最新の科学的知見によって、私たちの歩んだ道の確かさを実感させてくれた事実に誠実であろうと探求に携わる人たちの姿であり、どんな時代であろうと社会正義としての色覚差別撤廃への歩みを信じる本会の会員の存在でした。あらためて感謝いたします。

これまでの多くの方々の支援によって私たちの現在があります。前回の出版時の執筆者の何人かは、すでにお亡くなりになっておられますが、書き残されたものからは次の時代への思いが伝わってきます。その思いが引き継がれて今日があることを、今を生きる私たちは実感しています。

私たちの歩みの一歩は時の流れの中では小さな一歩ですが、着実に社会を変えていくと信じています。その一歩を活字として記録しておくことは、支援していただいた方々への一つの恩返しであるとともに、次へつながる大切な作業であり、今後とも歩み続けることの決意表明とも考えています。本書にはそのような思いを込めました。

本書の第1章、第2章は本会の会報である「CMS Letter」にそれぞれ寄稿いただいた会員によるものです。掲載を快諾いただいたことに感謝いたします。また、序章をはじめ他の各章は荒仲直（ただし第3章の補論は小田愛治）が執筆しています。なお、文中の歴史的な人物等については、敬称が略されています。

最後に、本書の刊行を担当された山本邦彦さんは、前回の出版でも担当いただき、私たち当事者の置かれてきた立場を何より理解されている方です。出版に不慣れな私たちの無理な相談も根気よく聞いていただき、的確な提案によって記述内容を深めてくださいました。

高文研のみなさんと山本邦彦さんに心より感謝いたします。

二〇二三年一月

荒　仲直
井上清三
小田愛治

日本色覚差別撤廃の会（略称：てっぱいの会）

色覚に違いのある当事者のもつ色彩識別力の正当な評価、色覚当事者への不当な差別の撤廃をめざす当事者団体。1994年に発足。本人（正会員）、家族（準会員）、支援者（賛助会員、顧問）で構成される。さまざまの社会的な色覚バリアの撤廃に向けて、国や事業者等への啓発・要望、一般向けの講演会の開催などに取り組むとともに、会員どうしの交流や情報共有を進めている。

ホームページ＝https:// tetpainokai.jimdofree.com/

事務局＝〒211-0004　神奈川県川崎市中原区新丸子東3-1100-12
かわさき市民活動センター気付

問い合わせ＝e-mail：tetpainokai@gmail.com

色覚の多様性

――〈選別の病理〉を問い直す

●二〇二三年四月一五日――――第一刷発行

編著者／日本色覚差別撤廃の会

発行所／株式会社 高文研
東京都千代田区神田猿楽町二―一―八
三恵ビル（〒一〇一―〇〇六四）
電話03―3295―3415
https://www.koubunken.co.jp

印刷・製本／三省堂印刷株式会社

ISBN978-4-87498-844-2 C0036